中国经济文库·应用经济学精品系列（二）

国民经济和社会发展研究

以2016－2018年山西为例

山西省投资咨询和发展规划院◎主编

Research on National Economic and Social Development

Take Shanxi as an example in 2016-2018

北　京

图书在版编目（CIP）数据

国民经济和社会发展研究：以 2016—2018 年山西为例/山西省投资咨询和发展规划院主编. —北京：中国经济出版社，2019.8（2024.6 重印）
ISBN 978 - 7 - 5136 - 5780 - 8

Ⅰ.①国… Ⅱ.①魏… Ⅲ.①国民经济发展—研究—山西—2016—2018 ②社会发展—研究—山西—2016—2018 Ⅳ.①F127.25 ②D672.5

中国版本图书馆 CIP 数据核字（2019）第 159570 号

责任编辑　孙晓霞
责任印制　马小宾
封面设计　华子图文

出版发行　中国经济出版社
印 刷 者　三河市金兆印刷装订有限公司
经 销 者　各地新华书店
开　　本　710mm × 1000mm　1/16
印　　张　14.75
字　　数　200 千字
版　　次　2019 年 10 月第 1 版
印　　次　2024 年 6 月第 2 次
定　　价　69.80 元
广告经营许可证　京西工商广字第 8179 号

中国经济出版社 **网址** http://epc.sinopec.com/epc/ **社址** 北京市东城区安定门外大街 58 号 **邮编** 100011
本版图书如存在印装质量问题，请与本社销售中心联系调换（联系电话：010 - 57512564）

编委会

主　　编

魏旺拴

编写人员

王　鑫　任晓红　康小青　侯浩然

贾璟琪　郜丹阳　赵月梅　席　欣

主编单位

山西省投资咨询和发展规划院

序

中国特色社会主义进入新时代，我国社会主要矛盾已经转化为人民日益增长的美好生活需要和不平衡不充分的发展之间的矛盾。准确把握新时代经济社会发展的脉搏，必须坚持以习近平新时代中国特色社会主义思想为指导，全面贯彻习近平总书记关于推动经济高质量发展的重要论述和讲话精神，以新发展理念引领高质量发展，是中国经济社会实现由大到强的关键和遵循。

面对国内外复杂形势，作为世界第二大经济体，中国经济的“一举一动”都受到国内外各方面的高度关注。深入贯彻新发展理念，推动经济高质量发展，是能够更好满足人民日益增长的美好生活需要的发展，是创新成为第一动力、协调成为内生特点、绿色成为普遍形态、开放成为必由之路、共享成为根本目的的发展。只有将高质量发展与经济社会发展的阶段性相联系，才能进一步增强推动经济高质量发展的自觉性和坚定性。

“五年规划”是我国国民经济发展的重要组成部分，回顾每一个五年规划的历史，不仅能描绘我国建国以来经济社会发展的大体脉络，也能从中探索中国经济发展的规律，通过检视与对比，可以从历史的发展中汲取宝贵经验，从而指导未来经济和社会发展。近年来，各地区各部门认真贯彻落实党中央、国务院各项决策部署，把创新、协调、绿色、开放、共享的发展理念贯穿经济发展全过程，认真贯彻执行“五年规划”，统筹推进稳增长、促改革、调结构、惠民生、防风险、保稳定工作，经济运行总体平稳、稳中有进，人民生活持续改善，社会大局和谐稳定，高质量发展态势正在逐步显现。

本书是主编魏旺拴同志带领编写组致力于国民经济和社会发展研究的阶段性成果，是理论研究和工作实践的结晶。该书以国民经济与社会发展总体发展情况为研究对象，坚持目标导向、问题导向和需求导向，注重把握主流趋势，关注重大问题，将外部环境、宏观政策和省内发展态势相结合，视野开阔、思路清晰、系统全面，充实且富有成效，提出了具有实用性、可操作性的建议和发展思路，可为经济研究及规划编制同行提供借鉴。

山西省投资咨询和发展规划院　院长

2019年6月于山西太原

前言

自1949年至今，经过70年风雨历程，中国社会主义建设事业取得了令世界瞩目的成就，尤其是改革开放40年来，中国经济持续高速发展，已经跃居世界第二大经济体。中国特色社会主义进入新时代，我国社会主要矛盾已经转化为人民日益增长的美好生活需要和不平衡不充分的发展之间的矛盾。我国社会主要矛盾的变化，揭示了我国经济发展的阶段性特征，也成为我国经济迈上高质量发展之路的逻辑起点。

本书在回顾“五年规划”的基础上，以山西为例，对“十二五”期间和“十三五”前期的国民经济和社会发展情况进行了分析研究，主要阐明了发展基础和取得的成就，明确了政府工作重点，描绘了经济社会发展的宏伟蓝图，提出了共同的行动纲领。本书放宽视野，将山西发展现状置于全球、全国范围中去审视，站在全国发展战略布局中去分析，立足区域发展历史脉络和未来发展需求中来把握，从回顾国民经济和社会发展开篇，重点就2016—2018年国内外经济发展环境、取得的成效、发展过程中存在的突出矛盾和问题、发展形势预判、发展对策及建议、保障措施等方面进行了阐述和分析，力求横向到边、纵向到底，为政府决策提供有益支撑。

全书由魏旺拴任主编并负责总纂，王鑫负责统稿。第一章经济社会发展回顾，由赵月梅、席欣编写；第二章2016—2018年经济社会发展分析，由贾璟琪、魏旺拴编写；第三章经济社会发展成效，由部丹阳、王鑫、魏旺拴编写；第四章中部六省对比分析，由贾璟琪编写；第五章发展困境分析，由任晓红编写；第六章发展形势预判，由侯浩然、魏旺拴编写；第七章国际经验借鉴与启示，由王鑫编写；第八章发展对策及建议，由康小青、侯浩然编写；第九章支撑经济社会发展的重大保障，由席欣编写。

本书在研究上采取文献研究、实地调研、专家访谈等方法，在梳理现状、查找问题的基础上，分析原因、提出对策。为了更广泛的听取各方面的意见，就地区国民经济和社会发展的重大问题，走访了有关部门的管理者和高校科研所的有关专家学者，征询了他们的意见和建议，这对形成研究报告的主要观点有很大支持和帮助，对支持和帮助的各位领导、专家和有关同志表示衷心感谢。国民经济和社会发展研究，既是一项紧迫的任务，也是一项长期的工作，我们愿意与各界人士就此问题进行深入讨论。由于水平有限，加之时间仓促，书中难免有疏漏不足之处，竭诚希望读者不吝赐教、批评指正。

编　者

2019年6月

目录

第一章

经济社会发展回顾

以史为镜，可以知兴替。回顾每一个五年规划的历史，不仅能描绘新中国成立以来经济社会发展的大体脉络，也能从中探索中国经济发展的规律，通过检视与对比，可以从历史的发展中汲取宝贵经验，从而指导未来经济和社会发展。每一个五年规划的实施都是中国经济发展历程的重要缩影，也是观察中国经济变迁的重要切入点。

第一节　“五年规划”回顾

“五年规划”是我国国民经济和社会发展的重要组成部分，主要是对国家重大建设项目、生产力分布和国民经济重要比例关系等作出规划，为国民经济发展远景规定目标和方向。我国除了1949—1952年底为国民经济恢复时期和1963—1965年为国民经济调整时期外，从1953年第一个五年计划开始，已经编制了十三个“五年规划（计划）”。

“一五”计划（1953—1957年）时期，在整个国民收入中，国营经济、合作经济和公私合营经济所占比重上升到92.9%，五年内完成基本建设投资总额550亿元，新增固定资产460.5亿元。595个大中型工程建成投产，工业产值所占比重提高到56.5%，重工业的比重提高到48.4%。至1957年，“一五”计划所规定的各项建设任务胜利完成，实现了国民经济的快速增长，使我国建立起社会主义工业化的初步基础，社会主义生产关系基本确定。

“二五”计划（1958—1962年）时期，在1956年中国共产党第八次代表大会上通过。由于大跃进，各年度的计划数字不断调整，到1962年年底，国民经济年平均增长0.65%，GDP年均增长率为-0.6%，工业总产值仅增长20.7%，农业总产值则下降了19.9%，国民收入下降了14.5%。

“三五”计划（1966—1970年）时期，GDP年平均实际增长率为6.9%。工农业总产值超额完成，新增主要产品能力：煤炭开采6806万吨，发电机组存量860.4万千瓦。1970年，粮食、棉花、钢、煤产量大体上达到了最早计划规定的指标。其中，以大庆油田为主的原油产量迅速增长，对经济建设起了相当重要的作用。

“四五”计划（1971—1975年）时期，GDP年均增长率为6.0%，国民经济年平均增长7.76%，工农业总产值平均每年增长7.8%，其中农业总产值年均增长4.0%，工业总产值年均增长9.1%。

“五五”计划（1976—1980年）时期，大体上经历了两个阶段。第一个阶段，从1976年到1978年党的十一届三中全会以前，经济建设处于恢复发展时期。第二阶段，党的十一届三中全会以后，国民经济处于全面调整时期。1977—1978年社会总产值、工农业总产值、国民收入连续两年大幅度增长，主要工农业产品的产量恢复或者超过了历史最好水平。GDP年均增长率为7.9%，1980年年底，国民经济主要比例关系开始改善，生产和建设也取得较大发展。

“六五”计划（1981—1985年）时期，从“六五”计划开始，计划的题目改为“国民经济与社会发展计划”。“六五”期间，GDP年均增长率为10%，工农业总产值每年平均增长11%。若干关系国计民生的重要产品的产量大幅度增长，粮食、棉花年平均产量大幅增加。农业迅速发展，原煤、原油、发电量、钢产量均有所增加，总产量在世界上所占的位次也大都提前了。财政收入由下降转为上升，1985年实现了收支平衡，科技、教育、文化事业重新出现了繁荣兴旺的局面，对外经济贸易和技术交流也打开了新局面，人民生活得到显著改善。

“七五”计划（1986—1990年）时期，GDP年均生产率为7.9%，工农业总产值平均每年增长6.7%，国民生产总值平均每年增长7.5%，进出口贸易总额五年增长35%，并相应扩大利用外资和引进先进技术的规模。在这五年内，继续保持国家财政、信贷、物资、外汇的基本平衡。

“八五”计划（1991—1995年）时期，成为中国改革开放推进最快的时期，确立了社会主义市场经济目标，形成了总体开放的格局。国民生产总值平均年增长达到12%，提前5年实现了经济总量比1980年翻两番的战略目标，是同期世界各国中经济增长最快的，也是新中国成立以来经济增长速度最快、波动最小的时期。1995年，国民生产总值达57650亿元，工业增加值年均增长17.8%，农业增加值年均增长4.1%，国民经济年平均增长11.8%。

“九五”计划（1996—2000年）时期，国内生产总值平均每年增长8.3%，国家财政收入平均年增长16.5%。主要工农业产品产量位居世界前列，粮食等主要农产品生产能力明显提高，实现了农产品供给由长期短缺到总量基本平衡、丰年有余的历史性转变。经济体制改革全面推进，社会主义市场经济体制初步建立。

“十五”计划（2001—2005年）时期，政府不再是资源配置的主角，市场发挥着资源配置的基础性作用。GDP的增长始终保持在9%以上。对外贸易行业飞速发展，综合国力明显增强，人民生活明显改善，国际地位明显提高。2005年，国内生产总值达到18.23万亿元。

“十一五”规划（2006—2010年）时期，与前十个“五年计划”不同，“计划”一词被“规划”代替，这是中国在制定中长期国民经济和社会发展战略中第一次使用“规划”一词。“规划”代替“计划”是中国进一步完善市场经济体制的客观要求，这标志着政府工作重点将由制定指令性计划转向提供战略性、前瞻性的指导规划，由直接参与经济发展转向提供公共物品、调控宏观经济。2010 年国内生产总值达到 39.8 万亿元，“十一五”规划确定的主要目标和任务胜利完成，取得了全面建设和谐社会的新胜利。

“十二五”规划（2011—2015 年）时期，我国发展取得重大成就，开启经济转型之路，我国 GDP 总量稳居世界第二。经济年均增长 7.9%，居民收入年均增长 8.9%。第三产业增加值占国内生产总值比重超过第二产业，基础设施水平全面跃升，农业连续增产，常住人口城镇化率达到 55%，一批重大科技成果达到世界先进水平。公共服务体系基本建立、覆盖面持续扩大，新增就业持续增加，贫困人口大幅减少，生态文明建设取得新进展，人民生活水平和质量加快提高。全面深化改革有力推进，人民民主不断扩大，依法治国开启新征程。全方位外交取得重大进展，对外开放不断深入，我国成为全球第一货物贸易大国和主要对外投资大国。

五年规划（计划）实施为我国国民经济和社会发展提供了巨大支持，在世界范围内也形成了中国经验和中国模式，取得了一系列重大成果和重大成就。本书在回顾“一五”到“十二五”的基础上，以山西为例对“十二五”期间和 2016—2018 年“十三五”前期的国民经济和社会发展情况进行了分析研究。

第二节　“十二五”发展回顾

2011 年以来，面对错综复杂的国际环境和艰巨繁重的国内改革发展稳定任务，在党中央的坚强领导下，锐意进取、开拓创新、攻坚克难、砥砺前行，积极应对经济下行压力持续加大的困难局面，我国经济快速平稳发展，社会和谐稳定，为全面建设小康社会奠定了坚实基础。

一、国际环境

（一）经济背景

2011—2015 年，国际环境发生了广泛而深刻的变化，总体来说，世界经济新的增长动力源不明朗，大国货币政策、贸易投资格局、大宗商品价格的变化方向都存在不确定性，发达经济体的主权债务危机尚未结束，各种风险依旧存在，部分新兴经济体受到资金外流、商品能源价格下跌以及地缘政治紧张局势加剧等影响，经济增长放缓。

全球经济正处于后金融危机的深度调整期，呈现弱中复苏状态，发达国家逐步摆脱次债泥潭，特别是美国，稳定增长的态势非常明显。主要新兴市场国家受发达国家政策影响大，经济波动明显，处于增速缓慢的恢复期、调整期。2008 年起发生的长达 7 年的金融危机对国际环境仍然有着深远的影响。2014 年欧盟失业率高达 11.2%，从中长期看，北方国家的长期低增长以及长期高失业率直接影响着全球经济增长率和贸易增长率。

随着全球一体化和区域化一体化的推进，全球投资和贸易规则呈现复杂化的特征。世界经济发展主流仍是贸易自由化，国际产业分工转移的规模更大、范围更广、层次更深，形成了更为复杂的产业发展格局和国际分工，这为我国在全球价值链中从中低端走向中高端提供了巨大的空间。全球贸易合作的主流形式依然是自由贸易区（FTA）。据 WTO 统计，截至 2014 年，签订并实施的自贸区已经达到 247 个，大部分自贸区都是近年完成的。金融危机之后，北方国家发展停滞，南方国家迅速崛起，经济贸易总量占世界比重已经超过了北方国家。全球性的跨境投资、跨国技术扩散、跨国兼并、跨国互联网贸易等大趋势，也为我国开拓了外部发展空间，创造了巨大的商机，我国将逐步发展成为吸引外资以及对外投资的最大国，是世界经济增长、投资增长、贸易增长的最大“发动机”。

（二）产业背景

全球产业调整出现了新的趋势。在全球经济再平衡和产业格局再调整的背景下，各国资源要素禀赋优势和全球供需结构正在发生深刻的变化。金融危机后，发达经济体开始重视实体经济，德国政府提出“工业 4.0”战略，美国政府提出《美国先进制造业国家战略计划》《制造业创新国家网络》，通过一系列的举措来重塑其在高端制造业方面的优势，制造业已经成为拉动发达经济体经济复苏的重要动力。随着以我国为代表的传统制造业大国劳动力、资源成本上升，劳动力密集型产业开始向南亚、东南亚等劳动力成本更低的地区转移，进而推动这些国家在全球和区域产业链位势的新一轮调整，提升区域专业化分工和融合水平。

金融危机后全球产业转型升级和产业转移出现了许多新变化，形成了更加错综复杂的国际分工和产业发展格局。一方面由于全球经济低速增长难以满足全球能源需求，新兴绿色能源需求加大。另一方面，气候变化问题已经成为各国面临的共同挑战，再加上新兴大国传统粗放型发展模式造成的能源约束性增强，环境承载能力已经达到或接近上限，能源需求更多由传统化石燃料向新型绿色能源转变。新兴市场和发展我国家在继续发展传统制造业的同时，也加快了产业结构调整升级步伐。

2008 年爆发的全球金融危机催生全球的科技创新革命，全球性科技创新开始有重大突破。科技竞争力逐渐成为世界经济竞争的制高点，新兴产业和科技创新都成为了各国经济转型的突破口。产业的新一轮变革蓄势待发，对全球产业格局也将会产生深刻的影响。无论是以欧盟、美国、日本为代表的发达经济体，还是以我国、俄罗斯为代表的新兴经济体，都在发动科技革命，对于科技创新的投入和科技成果的产出都更加重视，全球的科技竞争日趋激烈。随着我国等新兴经济体大幅增加科技创新投入，大量培养科技创新人才，大力扶持生物医药、信息网络、新能源等新兴技术、新兴领域、新兴产业的创新发展，南北方国家科技创新发展差距逐渐减小。科技全球化、经济全球化使得我国在全球科技创新体系中的角色、地位和作用都发生了重大变化，我国逐渐从模仿创新者转变为自主创新者，进而成为创新领先者。

（三）政策背景

国际政治文化格局经过大调整，逐步趋于多极化、民主化。随着北方国家经济贸易总量占世界比重持续下降，北方国家的国际竞争力和创新力也逐步减弱，在这期间南方国家在国际上的影响力逐渐增强。加上国际金融危机的负面影响，两个世纪以来所形成的北方国家在经济、文化、政治等领域的霸权体系格局逐渐被南方国家迅速崛起所打破。南方国家直接参与G20国家峰会并建立了类似的“金砖五国”峰会等。这在客观上也为我国全面参与全球治理提供了机遇，我国不只成为南方国家的代表者，也逐步成为南北方国家沟通协商的桥梁，这也大大提高了我国等发展中大国在世界银行、国际货币基金组织的份额和发言权，我国所提倡的共赢主义，日益为大多数国家所接受，促进国际经济政治秩序朝着更加合理、更加均衡的方向发展。

二、国内环境

（一）政策背景

2014年12月习近平在江苏调研时提出“四个全面”，要“协调推进全面建成小康社会、全面深化改革、全面推进依法治国、全面从严治党，推动改革开放和社会主义现代化建设迈上新台阶”。2015年中央经济工作会议指出“认识新常态、适应新常态、引领新常态，是当前和今后一个时期我国经济发展的大逻辑”，这是综合分析世界经济长周期和我国发展阶段性特征及其相互作用作出的重大判断。

（二）经济背景

我国处于由中高收入国家向高收入国家迈进的关键阶段，已有8个地区人均GDP进入10000美元（居世界第88位）。我国在2010前后由从中低收入国家迈入了中高收入国家行列，将在2020—2023年进入高收入国家行列。从31个省（自治区、直辖市）的人口比例上看，有

2/5左右的人口将进入高收入阶段，这也意味着我国必须通过创新驱动发展，成功突破并跨越“中等收入陷阱”，更要自觉地坚持社会主义道路，突破并跨越“西方民主化陷阱”。

但是我国国民总收入（GNI）在世界银行所列举的200多个国家中排80多位（2012年），说明我国处于欠发达国家的地位没有改变。改革开放三十多年以来，年平均增速接近10个百分点，2013年和2014年分别增长了7.7%和7.4%。

从人类发展指数（HDI）来看，我国已经从中高人类发展水平（HDI小于0.7）向高人类发展水平（HDI大于0.7）迈进，在2015年HDI达到0.727，在世界187个国家或地区中排第87位。人类发展水平持续升高，基本公共服务水平和均等化程度稳步提高，经济社会发展成就更充分地体现以人为本的思想，更充分地保障与发展需求的更大满足。

消费逐渐成为支撑经济增长的主要力量。从投资为主、消费为辅的需求结构转向消费为主、投资为辅的需求结构，消费结构升级带动了居民消费潜力有效释放，增强了消费对经济增长的拉动作用，对经济增长的贡献明显增强。2015年，消费对经济增长的贡献率为66.4%，同期增长15.4%。

消费结构从富裕型消费结构向更富裕型消费结构迈进。居民在食品、家电和服装等耐用消费品占总支出的比例不断下降，而住房、医疗、文化、教育与娱乐领域的支出比重不断上升，居民生活品质逐步提高。

（三）产业背景

生产结构从工业主导的传统产业体系转向服务业主导的现代产业体系，第三产业增加值占国内生产总值比重在2012年上升到45.5%，首次超过第二产业成为国民经济第一产业，2015年该比重上升到50.5%，对经济增长的贡献率占一半以上，比第二产业高10%，尤其是新型现代服务业飞速发展，互联网金融迅速崛起，物流快递、电子商务等新业态飞速成长，文化创意产业蓬勃发展，新技术、新业态、新产业、新模式大量涌现，互联网与服务业相互渗透融合发展。

工业结构开始由传统工业化向新型工业化转变，推动工业化和信息化深度融合。坚持实行“两手抓”，一手抓淘汰落后和过剩产能，一手抓新兴产业发展，大力发展智能制造、绿色制造、机器人制造、数字化制造、3D制造等新兴产业，高技术产业增加值、装备制造业增加值均快于规模以上工业增加值。

在深入实施西部大开发、振兴东北、中部崛起、东部率先发展“四大板块”区域发展总体战略的基础上，又推出京津冀协同发展、长江经济带建设、“一带一路”倡议，不断优化了区域协调发展的空间格局，东部、中部、西部地区发展差距缩小，沿海地区劳动密集型产业向中西部地区梯次转移，中西部地区频现增长极，区域产业发展协同性逐步提升。

绿色低碳产业发展迅速，对工业、交通、建筑等重点领域的节能减排更加重视，能源消费结构发生了深刻的变化，单位产出能耗水平大幅下降。核电发电装机、水电发电装机、风电发电装机、太阳能发电装机规模大幅增长，带动非石化能源消费比重提高。2011—2015年，单位国内生产总值能耗累计下降18.2个百分点，主要污染物排放量减少12个百分点以上。

（四）社会民生背景

坚持民生优先，不断加强改善民生的制度安排。如就业、收入分配、住房等保障，民生福祉大幅增进，民生质量提升，在经济增速下降的大背景下城镇新增就业数量持续增加，2011—2015年，新增就业人数连续5年在1200万人以上，就业人数累计新增6431万人，城镇登记失业率保持在4.1%左右，2015年末，全国就业人员达77451万人，其中，城镇就业人员增加到40410万人。

城乡居民收入持续增加。2015年全国居民人均可支配收入为21966元，年均实际增长8.9个百分点。其中，城镇居民人均可支配收入年均实际增长7.7个百分点，农村居民人均可支配收入年均实际增长9.6个百分点。2015年全国居民收入基尼系数下降到0.462，城乡居民收入倍差缩小到2.73倍。2015年农民人均纯收入达到11422元，首次突破1万元。工资水平逐年提升，2014年最低工资调整地区为19个，年均调增幅度为14.4个百分点。

覆盖城乡居民的社会保障体系不断健全。养老、医疗、住房等社会保障水平稳步提高，社会事业和民生保障的财政支出逐年增大。截至2015年，社会保障卡持卡人数超过8.6亿人。新型农村养老保险和城镇居民养老保险合并为统一的城乡居民基本养老保险制度，实现了制度全覆盖。全国参加城乡居民基本养老保险、城镇职工基本医疗保险、失业保险、工伤保险、生育保险的人数均有所增加。2015年企业退休人员基本养老金月人均2000元。城乡居民最低生活保障标准年均增长10个百分点以上。全国城镇保障性安居工程加快建设，2011—2015年累计达到4013万套，保障性住房覆盖面明显扩大，全国累计改造农村危房近1300万户，脱贫力度加大，取得显著效果。

三、山西发展状况

（一）发展政策

面对国际、国内环境的复杂变化和艰巨的改革发展任务，山西在省委、省政府的坚强领导下，认真贯彻落实党的十八大、十八届三中、四中、五中全会精神和习近平总书记系列重要讲话精神，锐意进取、开拓创新、攻坚克难、砥砺前行，坚持稳中求进工作总基调，主动适应经济发展新常态，确定并实施了“三个突破”“六大发展”、煤和非煤“两篇大文章”等战略举措，为山西发展明确了思路、方向和路径，全省经济平稳较快发展。

2014 年 9 月党中央对山西省委班子作出了重大调整，省委、省政府按照“四个全面”战略布局和党中央对山西工作重要指示要求，坚持“五句话”（“深入学习贯彻习近平总书记系列重要讲话精神，净化政治生态，实现弊革风清，重塑山西形象，促进富民强省”）总要求和总思路，全面从严治党，全面从严治吏，持续推进党的群众路线教育实践活动，深入开展“三严三实”专题教育和学习讨论落实活动，深入开展党风廉政建设和反腐败斗争，形成并始终保持“三个高压态势”（惩治腐败的高压态势，坚持无禁区、全覆盖、零容忍，坚持“老虎”“苍蝇”一起打；狠刹“四风”的高压态势，锲而不舍、久久为功，坚持“打早打小、露头就打”；打黑除恶的高压态势，严厉打击黑恶势力），不断净化政治生态，凝聚共识，振奋精神，增强信心，全省党风政风和社会风气逐步好转。

提出并着力推进“六大发展”，全面实施“六权治本”，统筹做好煤与非煤“两篇大文章”，加快实施“革命兴煤”，全力推动科技创新、民营经济发展、金融振兴“三个突破”等，为新形势下全省经济社会发展提供了科学思路、有力举措和坚强保证。省委、省政府带领广大党员干部和人民群众，全面推进经济建设、社会建设、政治建设、文化建设、生态文明建设，经济社会发展取得新成绩，

（二）经济发展

山西实施了一批行之有效的政策措施以应对经济下行压力持续加大的困难局面，全省综合实力得到显著提升。随着全省经济规模的不断壮大，全省财政收入持续稳定增长。

2015 年全省地区生产总值为 12802.6 亿元，增长 7.9%，一般预算收入为 1642.2 亿元，增长 11.1%，收入的持续增长为全省经济健康发展、保障民生事业等提供了强有力的财力支撑，2015 年全省一般公共预算支出为 3443.4 亿元，增长 12.3%，全社会固定资产投资累计完成 5.4 亿元，增长 21.7%。

（三）产业结构

山西加大了国家新型综合能源基地的建设力度，不断深化经济结构调整，逐步加快转型升级步伐，产业结构也更趋合理，全省三次产业比例从 6.0∶56.5∶37.3（2010 年）调整为 6.2∶40.8∶53（2015 年）。

农业稳定发展，农业综合生产能力逐步增强，粮食生产连年丰收。粮食总产量在 2015 年达到 125.96 亿公斤，农产品加工销售收入增加到 1422.6 亿元，年均增长 22.8%。

山西大力推进煤炭“市场主导型、清洁低碳型、集约高效型、延伸循环型、生态环保型、安全保障型”六型转变。加大了现代化矿井建设力度，大力推进煤电一体化发展，煤层气产业也迅速发展，然而“一煤独大”局面尚未实质性改变。山西煤炭企业到 2015 年 9 月底盈亏相抵净亏损 70.37 亿元。矿井建设持续推进，形成 4 个 5000 万吨级、3 个亿吨级的大型煤炭集团。大力推进煤电一体化发展，主力火电企业 80% 以上实现煤电联营。蒙西—晋北—北京西—天津南、山西—江苏、陕北榆横—晋中—石家庄—济南 3 条特高压输电通道开工建设。煤层气产业发展迅速，煤层气年抽采量达到101亿立方米、利用量达到57亿立方米。

服务业发展态势良好，2015年服务业增加值为6785.3亿元。旅游总收入为3447.5亿元，年均增长26.03%。

不断推进科技创新体系建设，山西科技创新城建设进展顺利，企业创新主体地位不断增强，截至2015年，山西高新技术企业达到721家，国家级技术中心达到26户，省级技术中心达到224户。

山西对外开放水平不断提升，进出口贸易稳定发展。2015年，全省货物进出口总额为147.2亿美元，年均增长3.2%，其中，出口总额84.2亿美元，年均增长12.3%，进出口结构明显优化，全省对外开放力度逐渐扩大，对外开放活力彰显，利用外资规模明显扩大。

全省区域合作交流深化，先后与11个兄弟省份签署战略合作协议，成功举办中博会、能博会、农博会、文博会、体博会、书博会、晋商大会，开展央企山西行等活动，招商引资成果丰硕。

（四）社会民生

政府高度关注民生、切实保障民生、着力改善民生。城乡就业不断扩大，2011—2015年累计新增城镇就业255.9万人，转移农村劳动力197.7万人，城镇居民人均可支配收入年均名义增长10.7个百分点，农村居民人均可支配收入年均名义增长12.4个百分点，农村居民收入增长快于城镇居民收入增长，人民生活水平和生活质量进一步提高。

山西各级政府大力实施“四大工程”（设施提升、城市安居、城中村改造和环境提质）城市人居环境明显改善，建成了102.5万套城镇保障性住房，完成了61.2万套棚户区改造。

新一轮农村“五个全覆盖”工程全部完成，“农村五件实事”如期完成，实施农村人居环境改善四大工程，行政村街道全部硬化、亮化，2015 年城镇人均住房面积为 31.96 平方米，农村人均住房面积为 33.51 平方米。

扶贫工作有了显著成效，贫困地区生活条件不断改善，2011—2015 年，累计共有 220 万贫困人口实现脱贫，但有些贫困区如吕梁、太行两大连片贫困区农村贫困人口实现脱贫以及贫困县全部摘帽还比较艰难。

社会保障体系更加完善，城乡居民养老、医疗保险和低收入群体基本生活保障全覆盖基本实现，医疗卫生事业发展迅速，服务水平不断提高。

截至 2015 年底，全省铁路营运里程突破 5000 公里，2014 年大西高铁太原至西安段开通运营、山西中南部铁路出海通道建成，2015 年大张铁路顺利开工，公路通车里程达到 14.1 万公里，高速公路通车里程突破 5000 公里，吕梁机场、临汾机场、五台山机场建成通航，通达、便捷的立体化现代交通运输体系更加完善。太原市地铁 2 号线工程逐步实施，太原南站建成运营，晋中至太原城际铁路项目前期工作有序推进。水利建设工作扎实推进，引黄北干工程于 2011 年全面竣工正式通水，病险水库除险加固任务基本完成。

第三节　研究的目的、对象和方法

一、研究目的

国民经济和社会发展规划是国家加强和改善宏观调控的重要手段，也是政府履行经济调节、市场监管、社会管理和公共服务职责的重要依据。科学编制并组织实施国民经济和社会发展规划，有利于合理有效地配置公共资源，引导市场发挥资源配置的基础性作用，促进国民经济持续快速协调健康发展和社会全面进步。

党的十八大以来，我国发展进入了新的阶段，面临的机遇以及面临的风险与挑战前所未有。世界经济增长格局、国际产业分工、全球投资贸易规则、能源资源版图、地缘政治环境等都在发生深刻变化，中国特色社会主义进入了新时代，这是我国发展新的历史方位，也是一个发展起来且努力走向强国的历史发展阶段。在新的历史方位上，我们要鲜明确立决胜全面建成小康社会、开启全面建设社会主义现代化国家新征程的指导思想和基本方略，解决社会主要矛盾、时代课题、历史使命、阶段性特征等一系列重大问题。要确保全面建成小康社会的宏伟目标胜利实现，确保全面深化改革在重要领域和关键环节取得决定性成果，确保转变经济发展方式取得实质性进展。

新时代、新形势、新要求之下，产生了新的矛盾，催生着新的思路和举措。在总结过去的基础上，全面研究我国近几年的发展情况，立足而又不拘泥于既定目标任务，客观评价实施取得的进展成效。总结提炼推进经济发展的经验做法，深入剖析经济发展过程中出现的问题及原因。结合发展环境变化，提出改进的对策建议。进一步强化战略导向作用，深入剖析问题，调整和优化发展思路，提出具有前瞻性、操作性的建议，为国民经济发展远景规定目标和方向，为国民经济和社会发展第十四个五年规划提供思路基础，是本书研究的初衷。

二、研究对象

本书研究对象为国民经济与社会发展总体态势和各领域发展状况。坚持目标导向、问题导向和需求导向，注重把握主流趋势，关注重大问题，提出应对策略。

着重围绕2016—2018年山西省委、省政府提出的目标指标、主要任务、重点工程和重大政策的制定实施等关键环节进行研究，将山西取得的成效、发展过程中存在的突出矛盾和问题、发展形势预判、发展对策及建议、保障措施等方面进行阐述和分析，提出经验和做法供同行者参考。

三、研究方法

本书放宽视野，站在全国发展战略布局和要求中去分析，立足区域发展历史脉络和需求的基础来把握，力求横向到边、纵向到底，在梳理现状、查找问题的基础上，分析原因、提出对策，为政府决策提供具有宽度、高度、深度的研究报告。采取的研究方法主要有：数据分析、文献研究、头脑风暴、比较分析法、专家访谈、实地调研等，根据所掌握的资料进行分析、对比和研究，充分肯定成绩，直面问题，寻找差距，预测未来，提出今后的对策和建议。

为提高研究工作质量，确保研究结论准确客观，对策措施可行，研究坚持实事求是、统筹兼顾、突出重点的原则，分析目标任务进展情况、客观评价实施成效与不足，注重分析研判外部环境的新变化，注重落实党的十九大新精神，研究工作注重“三个结合”。

一是全面与重点相结合原则。既对近几年山西大发展现状进行研究，又对各行业发展现状进行研究；既对政府提出的目标及任务实施情况、进度等进行全面研究，又对重点领域实施情况进行重点研究。

二是定量与定性相结合原则。既对目标、任务完成情况有一个综合的定性评价，又对重点指标的实施情况做定量分析，增强研究的科学性和可行性。

三是阶段目标与战略目标相结合原则。既立足当前，通过研究准确把握各领域、各行业发展的市级情况，又着眼长远，将解决当前问题和实现长远发展有机衔接。

第二章
发展环境分析

2016年以来国际形势环境更趋复杂，国内经济全面进入新常态，发展面临的风险变数加大，挑战前所未有，机遇稍纵即逝。但总体上，我国经济社会发展处于大有可为的重要战略机遇期，发展事业站在了新的历史起点上。

第一节　国际发展环境

从国际来看，经济增长趋缓成为世界经济新特征。美国经济复苏渐趋稳固，欧元区经济复苏乏力，新兴经济体增速放缓、走势分化。物联网、云计算、新能源、新材料等新技术革命取得新突破，信息化与工业化深度融合，商业模式不断创新，抢占产业制高点的竞争日趋激烈。国际环境将继续发生广泛而深刻的变化，总体上有利于我国和平发展，在世界上的地位和作用更加凸显。与此同时，国际金融危机影响更加复杂、更加深远，但是并没有改变我国迅速崛起、成为世界最大经济体的“天时、地利”。就我国面临的国际环境来看：和平、发展、合作仍是当今世界的主流。全球发展将表现出相互关联、相互推动的以下五大趋势。

一、经济发展仍然处于黄金增长期

当前，全球经济仍然处于后危机时代，国际金融危机的影响具有长期性和复杂性，世界经济和贸易进入恢复性增长期。由于南方国家经济贸易总量占世界比重已经超过了北方国家，并保持了较高的增长，成为世界经济贸易增长的新动力和最大的推动力。到 2020 年，南方国家经济总量将占世界的60%以上，出口总量占世界的近70%，全球经济仍处于黄金增长期。经济全球化深入发展，贸易自由化仍是世界经济发展主流，国际产业分工转移的范围更广、规模更大、层次更深，形成了更加复杂的国际分工和产业发展格局，这为我国在全球价值链从中低端走向中高端提供了巨大的空间。全球性的跨境投资、跨国兼并、跨国技术扩散、跨国互联网贸易等大趋势，也为我国"走出去""投资世界"，开拓外部发展空间，创造了巨大的商机。我国不仅将成为吸引外国直接投资的最大国，还将成为对外投资的最大国之一。

二、产业结构调整催生经济新秩序

劳动密集型产业特别是低端制造环节加速向低收入国家转移，一些中高端制造业向发达国家回流，对我国产业发展形成"双重挤压"。能源技术革命方兴未艾，对全球经贸格局乃至政治局势都将产生深远影响。经济全球化深入推进，以跨国公司为主导的全球价值链、供应链加速整合，区域经济合作蓬勃发展；同时，"去全球化""逆全球化"也有所抬头，国际规则体系面临深刻变革，美国主导推出的TPP等谈判基本定局，围绕贸易、投资和服务的博弈更加激烈，经贸摩擦政治化倾向抬头，给全球经济深度融合带来新的压力。

三、国际政治文化格局趋于多元化

随着北方国家经济贸易总量占世界比重持续下降，国际竞争力和创新力相对减弱，加之国际金融危机的重创和负面影响的代价，两个世纪以来所形成的北方国家在经济、政治、国际关系、文化等领域的霸权体系格局逐渐被南方国家的迅速崛起所打破，在全球治理方面发挥越来越大的作用，不仅直接参与G20峰会，还建立了类似的"金砖五国"峰会等。这在客观上也为我国全面参与全球治理提供了前所未有的机遇，我国不仅成为南方国家的代表者，还成为南北方国家沟通协商的桥梁者，大大提高了我国等发展中大国在世界银行、国际货币基金组织的份额和发言权。特别是我国所提倡的共赢主义，更加符合“得道者多助”的道理，日益增强在全球的话语权，为大多数国家所接受，促进国际经济政治秩序朝着更加合理、更加均衡的方向发展。我国仍然是全球治理的领导者，全球公共产品的最大提供者之一。

四、科技创新加快孕育出重大突破

影响全球的国际金融危机、经济危机正在催生全球科技革命，无论是欧、美、日发达经济体，还是中、印、俄等新兴经济体，都在发动科技革命，抢占全球创新的制高点，将改写全球科技创新的历史格局。创新能力将是决定一国在国际竞争中成败与否的关键因素。从科技创新发展趋势上看，南北国家科技发展差距远高于它们的经济发展差距，但是随着我国新兴经济体大幅增加研发投入，大量培养科技人才，大力支持信息网络、生物医药、新能源等新兴领域、新兴技术、新兴产业的创新发展，加快了与北方国家科技水平的趋同速度，又远高于它们的经济趋同速度。经济全球化、科技全球化以及后发优势等，使得我国在全球创新体系的地位、角色和作用正在发生重大变化：从引进模仿创新者转变为创新集成者、自主创新者，从创新跟随者变为创新并驾齐驱者，进而成为创新领先者。我国仍然是全球发明专利申请量最大的创新体，未来还将成为全球发明专利授权量的最大创新体。

五、绿色工业革命提上发展新日程

下一个发展时期，气候变化问题成为南北方国家面临的共同挑战，如果各国积极合作，推动绿色能源革命，创新绿色经济革命，全球碳排放有可能在2020—2030年进入低增长，并在某个时间点达到峰值，而后逐步下降。我国仍然是世界最大的绿色能源创新国、投资国、生产国、消费国，还将成为全球碳排放尽早达到高峰的决定性国家。

与此同时，国际金融危机尚未结束，反而影响更加深远，使我国发展的外部环境更加复杂。比如，世界经济增长速度仍然趋缓，影响全球经济增长率和贸易增长率；全球需求严重不足，成为我国最大的外部不确定性因素；全球化背景下的国际竞争更加激烈，对我国实行“走出去”战略、提高国际竞争力、国际创新力、国际软实力提出了更加紧迫、更加重要的要求；全球各类传统与非传统安全挑战性问题日益突出，对上亿我国游客走出去，上千万我国投资者、企业家、经商者、劳务输出等走出去，上百万我国留学生走出去，造成前所未有的保护海外我国公民的民生外交新问题。

总体来讲，进入21世纪以来，世界政治格局已经发生了极其重大的变化，我国充分利用了“天时”和“地利”，成为世界和区域的重要组成部分，甚至影响力越来越大的“内生变量”。

第二节　国内发展环境

从国内来看，我国综合国力大幅提升。随着全面深化改革和全面推进依法治国，未来发展的制度红利将进一步释放；协同推进新工业化、信息化、城镇化，发展路径将进一步合理；深入实施“一带一路”、自贸区战略和京津冀协同发展、长江经济带战略，对外开放优势和区域协调发展优势将进一步凸显；鼓励创新创业、实施“我国制造 2025”和“互联网 +”行动计划等，发展动力活力将进一步增强。同时，今后一个时期，我国经济将长期处于发展新常态，国内发展面临诸多矛盾叠加、风险隐患增多的严峻挑战，支撑经济增长的劳动力、土地、能源、资源等传统要素成本上升，生态环境资源约束加大，竞争优势、增长动力弱化，培育新的比较优势任务更加紧迫，经济结构转型、产业升级的压力明显加大。

一、收入水平由中高收入国家向高收入国家迈进

我国在 2000 年前后，实现了由低收入国家迈入中低收入国家行列，2010 前后实现了由从中低收入国家迈入中高收入国家行列，2018 年我国基本接近世界银行高收入国家的标准。不过，我国无论

是按照汇率法还是按照购买力平价（PPP）标准，人均 GNI 在世界银行所列举的 200 多个国家中仍然排 80 多位，我国仍处于欠发达国家的地位没有改变。与此同时，随着高收入社会的到来，人民群众的需求将更高，更加多样化，特别是对政府服务、对生态环境将更加关注。如何满足这些日益增长多样化的更高需求，将是我国相当长时期需要重点关注的问题。

二、经济增速从高速增长转向中高速增长

改革开放以来，我国经济保持了 30 多年的高速增长，年平均增速接近 10%。部分年份经济更是以高于两位数的速度增长。然而，随着经济发展步入新的阶段，特别是供给约束强化及房地产等长期需求峰值的到来，我国经济正步入增速换挡期，由高速增长转向中高速增长。增长速度的下滑将有可能加剧财政金融的风险，短期内还会加大结构性的就业压力。

事实上，从国际经验来看，从高速增长过渡到中高速增长，再过渡到低速增长是历史的必然。世界银行统计显示，第二次世界大战后连续 25 年以上保持 7% 以上高增长的经济体只有 13 个。相关统计显示，日本、韩国、德国和我国台湾地区，在经济保持一定时间的高速增长后，均有所回落。

三、产业转型升级任务更加紧迫

改革开放以来，我国工业化取得明显进展，工业化成就突出，逐步确立了工业的主导地位。然而，近年来我国工业增加值所占的比重开始呈现持续下降的态势，2013 年服务业比重首次超过了第二产业的比重。这些都表明我国正在步入工业化的后期阶段。未来许多工业品产量都将

陆续达到峰值，工业规模继续扩张的空间将不断收窄。如果继续采取数量扩展的增长模式，将会进一步加剧产能过剩，导致投资效率更大幅度地下滑。因此我国实现产业转型的任务更加紧迫，迫切需要实现经济增长由主要依靠工业规模扩张带动向三次产业协调带动和结构优化升级带动转变。

四、劳动力数量和成本优势逐步削弱

长期以来，劳动力资源丰富、价格低廉一直是我国参与国际竞争的主要优势。然而，随着21世纪初以来我国人口增长步入“低出生、低死亡、低增长”的新阶段，我国人口数量和结构发生了显著的改变。尽管我国仍属于劳动力总量大国，但是近些年来劳动力总量的增速明显放缓甚至开始减少，老龄化程度不断提高。与之相伴的是劳动力成本的不断上涨。这将削弱我国劳动力数量优势和劳动力的低成本优势，我国迫切需要塑造新的竞争优势。

五、经济增长面临需求约束不断强化

国际金融危机之前出口对我国经济增长具有较大的拉动作用，货物和服务出口对我国国内生产总值的拉动作用占GDP总量的比重达到30%左右。国际金融危机之后，我国出口增速明显放慢，由国际金融危机前的高于20%的增长，回落到个位数增长，增速甚至低于GDP增长速度。展望未来，一方面，从长周期来看全球经济正处在一个低速增长时期；另一方面由于近年来要素成本的快速提升，加上汇率的升值，我国产品出口的国际竞争力有所下降。在这种情况下，我国经济增长外部需求动力将在较长时期内呈现较弱的状态，这也将导致我国经济增长面临的需求约束更加强化，更加需要依靠内需来拉动经济增长。

六、化解产能过剩任务艰巨

产能过剩是我国当前面临的突出问题：一方面，传统产业中钢铁、水泥、有色金属、平板玻璃等都存在严重的产能过剩；另一方面，新兴产业如光伏行业也存在产能严重过剩。目前，风电设备产能利用率低于60%，光伏电池的产能过剩达到95%。需要强调的是，目前我国很多行业存在的产能过剩，不是短期产能过剩，而是从整个工业化、城市化历史进程来看的长期产能过剩，即供给已经达到或接近峰值。与此同时，维持经济的中高速增长仍然需要保持一定的投资增速。因此，如何有效化解产能过剩并实现有效投资是我国必须解决的重要问题。

七、可持续性发展面临多重挑战

从可贸易的资源来看，原油、原煤等消费量的绝对规模和在世界消费总量中的占比持续上升，对外依存度不断提高。从不可贸易的资源来看，无论是土地还是水资源，都对经济发展的制约越来越严峻。环境保护部发布的《全国土壤污染状况调查公报》显示，全国土壤总的点位超标率（土壤超标点位的数量占调查点位总数量的比例）为16.1%，其中中度和重度污染点位比例2.7%，重金属等无机污染物超标点位数占全部超标点位的82.8%，长江三角洲、珠江三角洲、东北老工业基地等部分区域土壤污染问题较为突出，西南、中南地区土壤重金属超标范围较大。而在水污染方面，仅考虑传统三项污染物，按照《环境空气质量标准》（GB 3095—1996）评价，2016年全国地级以上城市达标比例仅为60.7%。随着我国工业化、城市化进程的推进，我国仍将面临较大环境污染压力。

总体而言，尽管长久以来我国面临着多方面的重大挑战，但也同时面临多方面的重大机遇，中国的经济发展跨上一个新的台阶，达到了一个新的高度。

第三节　山西发展现状

2016年以来山西经济长期向好基本面没有改变，发展处于可以大有作为的重要战略机遇期。在省委、省政府的坚强领导下，全省上下按照适应新常态、把握新常态、引领新常态的总要求，下大力气破解制约如期全面建成小康社会的重点难点问题，以发展理念转变引领发展方式转变，以发展方式转变推动发展质量和效益提升，持续推动山西经济社会平稳健康可持续发展，政治生态由“乱”转“治”，经济发展实现由“疲”转“兴”。

一、总体情况

近年来，在山西省委、省政府的坚强领导下，全省上下坚持以习近平新时代中国特色社会主义思想为指引，深入贯彻党的十九大和习近平总书记视察山西重要讲话精神，践行新发展理念，坚持稳中求进工作总基调，坚持把深化供给侧结构性改革与深化转型综改试验区建设紧密结合，积极实施创新驱动、转型升级战略，经济增长步入合理区间，各项社会事业发展取得显著成绩，全面建成小康社会迈出崭新步伐。

2018 年全年实现地区生产总值 16818. 1 亿元，按不变价计算，比上年增长 6. 7%。其中，第一产业增加值 740. 6 亿元，增长 2. 1%，占生产总值的比重为 4. 4%；第二产业增加值 7089. 2 亿元，增长为 4. 5%，占生产总值的比重为 42. 2%；第三产业增加值 8988. 3 亿元，增长 8. 8%，占生产总值的比重为 53. 4%。

人均地区生产总值 45328 元，按 2018 年平均汇率计算为 6850 美元。

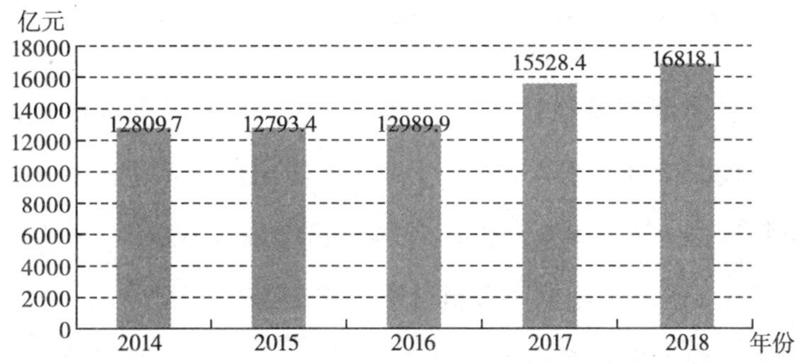

图 2－1　2014—2018 年全省地区生产总值

数据来源：山西省 2018 年国民经济和社会发展统计公报

2018 年全省一般公共预算收入完成 2292. 6 亿元，增长 22. 8%。税收收入完成 1645. 6 亿元，增长 17. 8%，其中，国内增值税、营业税、企业所得税、个人所得税、资源税和城市维护建设税共计完成税收 1383. 4 亿元，增长 16. 5%。

2018 年全省一般公共预算支出 4285. 4 亿元，增长 14. 1%。其中，教育、医疗卫生、社会保障和就业、住房保障、交通运输、节能环保、城乡社区等民生支出 3423. 8 亿元，增长 11. 9%。

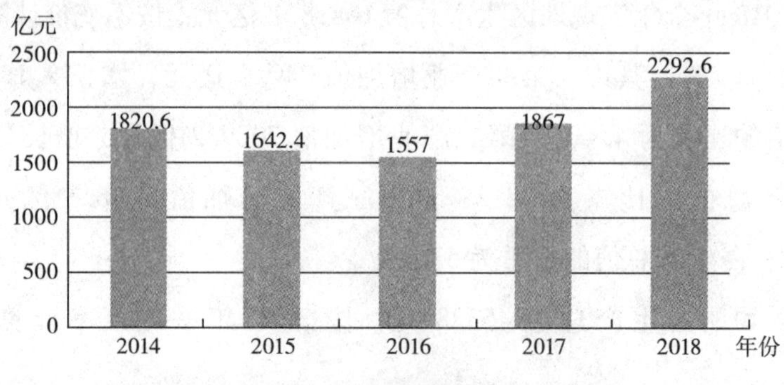

图 2－2　2014—2018 年全省一般公共预算收入

数据来源：山西省 2018 年国民经济和社会发展统计公报

全省居民消费价格比上年上涨 1.8%。商品零售价格上涨 1.7%。固定资产投资价格上涨 4.5%。工业生产者出厂价格上涨 6.7%，其中，生产资料价格上涨 4.8%，生活资料价格上涨 0.6%。工业生产者购进价格上涨 5.5%。农业生产资料价格上涨 2.5%。

城乡面貌发生新变化，新型城镇化步伐加快，一批重大基础设施建成投用，“三农”工作和脱贫攻坚富有成效。2018 年全省城镇新增就业 55.7 万人。转移农村劳动力 40.9 万人。年末城镇登记失业率为 3.26%。

二、分领域发展现状

2016 年以来，全省坚持稳中求进、稳中向好，紧跟国家政策走向，紧盯三次产业发展，针对苗头性、倾向性问题，精准施策、强化责任，确保经济在合理区间运行，速度、效益、结构、动能四个维度的指标同步改善、互为支撑，呈现出稳中向好、结构向优态势。

——经济发展方面。全省经济在 2016 年下半年开始逐步走出困境，2017 年上半年追平全国增速、迈入合理区间，2018 年上半年 GDP 同比增长 6.8%，与全国增速持平，连续 6 个季度保持在 6% 以上，经济增长的韧性和稳定性不断增强，发展实现了由疲转兴。一般公共预算收入由负转正，呈现良好发展态势，2016 年全省一般公共预算收入达到 1557 亿元，同比下降 5.2%，2017 年达到 1866.8 亿元，增长 19.9%，2018 年上半年同比增长 25.4%。

——创新驱动方面。科技研发能力稳步提升，自主创新能力仍待加强。2016 年全省专利申请量 20031 件，增长 34.0%。其中，发明专利申请量 8208 件，增长 44.5%，全省专利授权量 10062 件，增长 2.0%，其中，发明专利授权量 2411 件，下降 1.0%，全年新登记科技成果 259 项，获得国家科学技术奖 5 项。2017 年全省专利申请量 20697 件，增长 3.3%。其中，发明专利申请量 7379 件，下降 10.1%，全省专利授权量 11311 件，增长 12.4%，其中，发明专利授权量 2382 件，下降 1.2%，全年新登记科技成果 560 项，获得国家科学技术奖 3 项。

新动能不断成长壮大。2016 年全省拥有国家级企业技术中心 26 家，省级企业技术中心 221 家，年末累计高新技术企业 930 家。2017 年全省拥有国家级企业技术中心 26 家，省级企业技术中心 270 家，增长 22.17%，年末累计高新技术企业 1117 家，增长 20.11%，战略性新兴产业增加值同比增长 10%。2018 年一季度全省高技术产业、战略性新兴产业加快发展，全省规模以上工业中高技术产业增加值增长 25.5%，较 2017 年全年加快 17.9 个百分点，工业战略性新兴产业增长 17.2%，较 2017 年加快 7.2 个百分点。

——民生福祉方面。教育水平稳步提升，截至 2017 年底，全省共有幼儿园 6937 所，小学 5646 所，普通初中 1835 所，普通高中 505 所，中等职业教育学校 535 所，普通高等学校 80 所，成人高等学校 11 所。全省小学学龄儿童净入学率达到 99.9%，学前教育毛入园率、高中阶段毛入学率、高等教育毛入学率分别较 2015 年增加 2.1 个百分点、0.8 个百分点和 6.6 个百分点。

文体、卫生公共服务基础不断增强，截至 2017 年底，全省共有群众艺术馆 12 个，文化馆 131 个，文化站 1409 个（其中，乡镇综合文化站 1196 个），广播人口覆盖率为 98.6%，电视人口覆盖率达到 99.4%；全省共有卫生机构（含诊所、村卫生室）4.25 万个，床位 19.26 万张。卫生防疫、防治机构 134 个，妇幼保健院（所、站）135 个。全省卫生机构共有卫生技术人员 23.26 万人。全省共有体育场 101 个，体育馆 96 个。

覆盖城乡居民的社会保障体系基本建成。2017 年全省实现城乡居民基本医疗制度整合并轨，参加城乡居民基本医疗保险达到 2552.6 万人，占全省常住人口总数的 68.95%；截至 2017 年底，全省参加城镇职工基本养老保险 795.7 万人，参加失业保险 420.6 万人，参加工伤保险 584.1 万人，参加生育保险 465.2 万人，较 2015 年分别增加 81.4 万人、9.3 万人、11 万人、8.7 万人。

脱贫攻坚取得决定性、实质性突破，党的十八大以来，山西累计退出 4800 个贫困村，275 万贫困人口脱贫，贫困发生率从 2013 年的 13.6% 下降到 2017 年的 3.9%，贫困地区农民人均可支配收入由 2013 年的 3967 元增加到 2017 年的 7330 元，增加了 84.77%，年均增速达到 13.1%。2017 年是山西贫困县数量首次实现净减少，贫困人口降到了 133 万人，同比减少 53 万人，下降了 28.5%。全省贫困地区农民收入增速为 10.7%，增速比全国高 0.2 个百分点，比全省高 3.7 个百分点，在全国有国定贫困县的 22 个省（区、市）中居第 10 位，位次相较上年前移 11 位，在中部六省中居第 4 位，前移 2 位，在可支配收入四大部分构成中，转移净收入增速居首，同比增长 28.6%，高出全省农村平均水平 11.7 个百分点，成为贫困地区农民收入增长的主要动力。

——生态文明方面。能源革命深入推进，生产结构优化带动节能减排取得明显成效。2017 年全省一次能源生产折标准煤 6.6 亿吨，较 2015 年下降 9.59%，二次能源生产折标准煤 5.0 亿吨，较 2015 年上升 6.38%。2017 年全省全口径发电量为 2765.5 亿千瓦时，同比增长 10.2%，增速比 2016 年（2.2%）提高 8.0 个百分点。电源结构进一步优化，火力发电 2503.0 亿千瓦时，增长 8.4%，占全部发电量的比重为 90.5%；水力发电 42.1 亿千瓦时，增长 8.7%，比重为 1.5%；风力发电 164.9 亿千瓦时，增长 21.9%，比重为 6.0%；太阳能发电 55.5 亿千瓦时，增长 104.4%，比重为 2.0%。

生态环境质量持续改善。2017 年，全省 PM2.5 平均浓度同比下降 1.7%，较 2013 年下降 23.4%，空气质量有所好转。全省二氧化硫、氮氧化物排放量同比分别下降 7.4%、7.1%。水环境质量持续改善，2017 年，58 个国考断面中，水质优良断面比例同比上升 10.3 个百分点；劣Ⅴ类断面比例同比下降 6.9 个百分点；化学需氧量、氨氮排放量同比分别下降 8.86%、6.21%。土壤污染防治工作稳步推进，对 682 家产废单位进行核查，达标率为 95%。2017 年全省大型水库蓄水量 11.5 亿立方米，较 2015 年增加 4.55%，全省森林面积达 321.1 万公顷。

——廉洁安全发展方面。党的十八大以来，山西扎实推进法治政府建设，严格执行人大及其常委会的决议决定，主动接受人大、政协监督，5 年共办理人大代表建议 4133 件、政协提案 4020 件；省政府向人大常委会提请审议地方性法规（草案）42 件，出台省政府规章 28 件。省市县三级行政机构权力清单、责任清单公布运行。“放管服效”改革有力有效，累计取消、下放和调整省级行政审批等事项 543 项；对省政府 49 个工作部门的 232 项行政审批中介服务事项进行清理规范，对保留的47项实行清单管理；商事制度改革成效明显，企业数量达到52.5万家，比改革前的2013年增长87.1%；省市两级政务服务“两平台、一张网”建成运行；覆盖省市县乡四级政府的“13710”信息督办系统建成运行，构建起了横向到边、纵向到底的抓落实体系。

安全生产形势持续稳定好转，2017年生产安全事故死亡人数为1215人，比2015年减少39.40%，2018年1~6月发生各类生产安全事故544起，死亡人数为406人，同比下降30.72%。2018年全年生产安全事故死亡人数预计为1185人，预计比2015年减少40.90%。从数据分析来看，生产安全事故死亡人数呈逐年下降趋势，安全风险逐步降低，事故起数和死亡人数实现了可比口径的“双下降”，人民生命财产安全得到保障。

总的来说，2016年以来，全省上下以习近平新时代中国特色社会主义思想为指引，按照省委“一个指引、两手硬”的重大思路和要求，统筹稳增长、促改革、调结构、惠民生、防风险，打出一套转型综改组合拳，全省转型发展的趋势性、转折性、标志性变化明显增多，实现了从断崖式下滑到走出困境、再到转型发展呈现强劲态势的重大转折。

第三章

经济社会发展成效

“十三五”以来，我国经济一直保持稳中有进、稳中向好的发展趋势。主要经济指标、物价保持稳定，CPI 涨幅保持在 2% 左右，农副产品价格尤为稳定；就业稳，近几年全国平均每年新增 1300 万工作岗位；脱贫稳，我国每年实现 1000 余万人口脱贫，贫困发生率降到 4% 以下。

我国经济结构不断调整优化，实现了需求结构“消费超过投资”、产业结构“三产超过二产”，最终消费和服务业对经济发展的支撑作用进一步增强。与此同时，实体经济新旧动能有序转换，新技术、新产业、新模式、新业态层出不穷，2017 年我国科技进步贡献率达到 57.5%，研究与试验发展经费支出达 155 万亿元。

我国仍存在一大批传统产业，正在结合技术创新、科技创新，在体制机制、产品和研发实现脱胎换骨的改造，同时新业态蓬勃发展，新产业层出不穷。当前我国科技方面“独角兽”企业已经超过 90 家，占了全球总数的 1/3 左右。数据显示，自 2014 年我国提出“大众创业、万众创新”概念以来，全国每天新增市场主体 4 万家，其中新登记企业 14 万户，企业的活跃度保持在 70% 左右。

随着供给侧结构性改革的深入推进及防控金融风险等系列政策措施的加快落实，我国经济增长动力的持续性不断增强，经济面临的风险显著下降，此前“脱实向虚”的资源开始更多进入实体经济，这些都促使我国经济稳中向好、持续增长的势头更趋明显。

山西坚持以习近平总书记新时代中国特色社会主义思想为指导，深入贯彻党的十九大和习近平总书记视察山西重要讲话精神，坚持“一个指引、两手硬”工作思路和要求，以“三大目标”引领经济社会发展各项工作，统筹稳增长、促改革、调结构、惠民生、防风险，打出一套转型综改组合拳，深化供给侧结构性改革，组建转型综改示范区，着力深化国企国资改革，着力培育新兴市场主体，大力发展战略性新兴产业，营造“六最”营商环境，推进企业投资项目承诺制改革，出台一系列人才引进政策，形成深化转型综改、实现转型发展的“四梁八柱”，全省转型发展的趋势性、转折性、标志性变化明显增多，全省经济稳中向好，各项社会事业发展成绩显著，继续向全面建成小康社会、实现振兴崛起的宏伟目标阔步前进。

第一节　产业结构逐步优化

随着能源革命和产业变革的深入推进，传统意识上煤炭对山西经济的贡献已近峰值，山西已经真正进入经济转型的窗口期。全省坚定不移地推进煤炭“减优绿”和传统产业改造升级，努力在发展新型产业，特别是先进制造业上有大的作为，实现工业的结构性反转和构建多元产业支撑。全省三次产业比例由 2015 年的 6.2∶40.8∶53 调整为 2018 年的 4.4∶42.2∶53.4，基本形成新兴产业快速成长、装备制造业强力支撑、文化旅游业成为支柱、建筑业规模扩大、现代服务业成为重要增长极、新产品新业态新模式加速涌现、传统产业更具竞争力的现代产业格局。

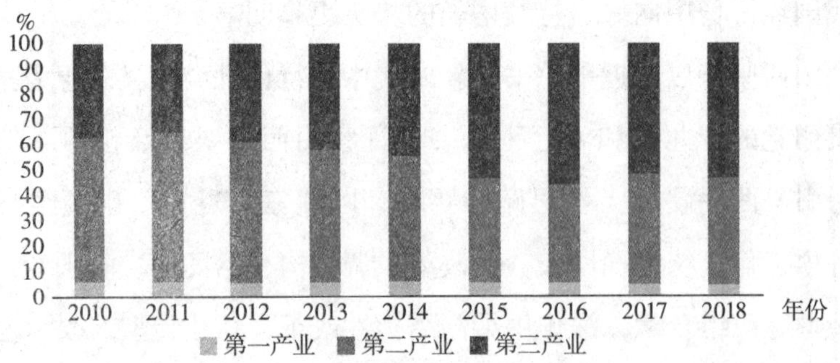

图 3－1　2010—2018 年山西省三次产业比重

一、能源革命排头兵建设取得新进展

习近平总书记在中央全面深化改革委员会第八次会议发表重要讲话，指出推动能源生产和消费革命是保障能源安全、促进人与自然和谐共生的治本之策。山西要通过综合改革试点，努力在提高能源供给体系质量效益、构建清洁低碳用能模式、推进能源科技创新、深化能源体制改革、扩大能源对外合作等方面取得突破，争当全国能源革命排头兵。

2017 年山西省委常委会议审议并通过了《贯彻落实〈国务院关于支持山西省进一步深化改革促进资源型经济转型发展的意见〉行动计划》《山西打造全国能源革命排头兵行动方案》，为贯彻落实国务院文件提供了具体措施，全面推动各项任务、政策、改革事项落地生根。着力推动能源供给革命、消费革命，深化能源体制改革，显著降低煤炭开采和粗加工占工业增加值的比重，大幅提高煤炭清洁高效开发利用水平，不断增强供应能力，打造移动能源领跑者，开展煤炭消费等量减量替代行动，打造煤电煤运煤化全产业链。推进煤炭绿色低碳高效开发利用，坚定走“减优绿”之路，开启了“不当煤老大、争当能源革命排头兵”的历史性转折。积极开展关键共性技术攻关，扩大能源领域开放，打造煤层气支柱产业。

通过实施减量置换、兼并重组、产能核增、减人提效等方式建设符合先进产能标准的煤矿。山西以推进新建项目、资源整合煤矿建设为重点，争取国家确认 32 座煤矿产能置换方案，产能 1. 703 亿吨/年；省内确认 130 座资源整合改造建设煤矿产能置换方案，产能 1. 273 亿吨/年。山西省政府出台煤矿减量重组实施意见，要求 60 万吨/年以下煤矿 2020 年底前全部退出；单一煤炭企业生产建设规模力争达到 300 万吨/年以上。完成 5 座优质产能煤矿核定，净增生产能力 1040 万吨/年。积极争取国家煤监局在山西省试点开展高瓦斯煤矿产能核增，将同煤大唐塔山等14座煤矿列为首批试点煤矿。制定出台《山西省煤矿减人提效工作方案》，东曲、马兰、长平3座煤矿单班入井人数减至800人以下；省属五大煤炭集团开展综采工作面自动化升级改造试点的煤矿数量从10座增加至15座。

煤炭清洁高效利用水平稳步提高。近年来，山西淘汰落后小机组56.1万千瓦，占到全国煤电机组淘汰总量的10%，超出国家下达山西煤电淘汰任务12%。统筹推进煤电机组超低排放和节能改造，比国家提前一年完成单机30万千瓦及以上煤电机组超低排放改造（102台，4292万千瓦），2017年完成燃煤电厂节能改造1800万千瓦，山西燃煤电厂平均供电煤耗达到320克标准煤/千瓦时。山西潞安180万吨/年煤制油项目成功试运行并产出合格煤基高端合成油。

二、新能源保持快速发展

风电基地建设统筹推进。晋北风电基地400万千瓦、中南部地区风电（低风速）256万千瓦建设实施，实现了风能的规模化开发，风电装机达到871.63万千瓦，占全部新能源装机的41%。光伏领跑技术基地建设稳步推进，2017年，争取国家下达山西光伏建设规模指标总数达到333万千瓦，连续两年获得国家光伏建设规模指标总数排名全国第一。大同二期、晋中寿阳、长治3个光伏发电基地（150万千瓦）被列入国家批复的第三批光伏“领跑技术基地”名单，获批总数及总规模均居全国第一位。截至2018年6月底，山西新能源装机容量达2327.5万千瓦，占山西电力装机总量的28.2%。

沁水盆地和鄂尔多斯盆地东缘煤层气产业化基地初步建成。形成阳泉、晋城、西山、柳林、潞安5个年抽采瓦斯超过1亿立方米的矿区。

榆社—武乡煤层气页岩气调查项目取得重大突破，预测资源总量超过5000亿立方米，属超大型气田，具备建设大型煤层气产业基地的资源基础。管道沿线地区供气保障能力不断增强。加快管道互联互通建设，现已形成贯穿全省的“三纵十一横”煤层气（天然气）输气管网系统。山西输气管道总长已达8000公里，实现了全省11个设区市全覆盖，110余个县和部分重点镇实现管网全覆盖，燃气使用人口超过2000万人。煤层气产业链趋向完整。基本形成包括煤层气勘探开发、煤矿井下抽采、工程技术服务、煤层气压缩、液化、管输、煤层气物流、燃气发电和瓦斯发电、氧化铝以及煤层气装备制造等在内的大产业链，成为我国煤层气产业发展的排头兵和引领者。

三、新型工业化步伐加快

近年来，山西工业经济总体上保持平稳增长态势，工业总量规模恢复性扩张，质量效益逐步改善，为全省国民经济发展做出了突出贡献。山西省扎实推动工业结构调整，积极培育壮大新兴产业，改造提升传统产业。

山西着力发展新一代信息技术产业，紧跟5G时代，围绕基础建设、数据应用、产业开发“三位一体”，实施大数据战略，发展数字经济，积极推进了37个大数据项目，推动与腾讯等国内互联网龙头企业战略合作。华为、浪潮、百度等一批国内知名优势企业与晋合作深入开展；大数据在政务、公共服务、行业等领域的融合应用深入推进；本土大数据企业创新发展能力不断提升，大数据解决方案涵盖政务、金融、消防、教育、能源、医疗等多个领域。制订实施了《山西省大数据发展规划（2017—2020年）》《山西省促进大数据发展应用若干政策》及分年度行动计划，明确了发展思路，出台了一系列规范文件，初步完成顶层设计。成立了全省大数据发展领导小组，统筹指导全省大数据发展工作。组建了大数据产业办公室和山西云时代技术有限公司，分别从专业机构和市场化主体两方面，推进落实具体工作。推动成立了大数据发展联盟等第三方组织，部分地市组建了专业工作机构，大数据工作管理体制初步建立。启动《山西省大数据发展应用促进办法》的立法工作。设立大数据专项资金，并制定印发了《促进大数据发展应用专项资金管理办法》，为进一步规范资金的管理和使用，提高资金使用效益，提供政策指导。省级政务云平台已于 2017 年 12 月建设完成，具备业务迁移和信息共享交换条件。研究制定《山西省级政务云平台迁移指南》，从技术层面指导、支撑省直各部门做好迁移工作，2018 年上半年已完成两批共 37 家单位的迁移。此外，省政法委、省军区相关系统已实现上线运行。积极推进大数据产业发展，未来将重点支持民生领域大数据项目，建立重点项目对接机制，做好服务工作，助力企业发展。

山西轨道交通装备产业发展迅速，太重集团、智奇公司、晋西工业集团等企业在轨道交通产品上有极大的突破，形成以动车组轮对及总成为代表的重点产品，成为山西轨道交通装备产业新名片。在产业布局方面，太原市及综改示范区依托太重轨道、智奇、晋西集团的高速列车轮轴及齿轮箱等关键部件，中车太原公司的铁路货车、工程作业车的新造维修，基本形成太原市轨道交通装备产业制造集群。大同市以中车大同机车和大同 ABB 牵引变压器有限公司为核心，大力发展重载电力机车和机车牵引变压器，极大地推动了大同轨道交通制造基地的建设。运城以中车永济电机为龙头，以机车车辆电传动系统为主导，正在向国内最大的机车车辆电传动系统研发制造基地迈进。

得益于山西煤炭大省和资源大省的优势，经过多年发展，尤其是近年来山西大力推动转型升级，煤机装备制造业形成了以太重煤机、山西煤机、金鼎煤机、天地煤机、阳煤华越机械有限公司、平阳重工、大同煤矿集团机电装备公司、山西汾西矿业集团矿山设备有限公司、山西新富升机器制造有限公司等骨干企业为主导，各大矿务局机修厂为辅助，民营中小企业为配套的产业基本格局，晋中、晋东、晋北三大煤机制造产业集群已经初具规模。以“三机一架”为核心的主导产品在国内采煤机行业中具有较高的市场知名度和市场占有率，部分产品质量稳定、可靠性高，具有“领头羊”地位。

山西煤层气资源富集，资源储量占全国的1/3，是全国领先煤层气开发基地。依托资源优势，近年来，山西煤层气装备制造业在煤层气勘探、抽采、储运、应用等领域形成了一定的产业基础，初步形成了太原、晋城两个产业集聚发展区。太原集聚发展区以太重煤机、丰喜化工设备、江铃重汽为龙头，主要发展煤层气勘探、压缩、储存装备以及煤层气重卡，其中，太重煤机利用澳大利亚威利朗沃集团技术生产的千米定向钻车是该领域公认的国际顶级产品。晋城集聚发展区以金鼎煤机为骨干，主要发展煤层气勘探、抽采、储运装备，其中，金鼎煤机生产的抽气机已在各抽采井投入使用400余台，与上海宝钢合作建设的煤层气套管生产线建成投产，与全球钻探系统公司联合研发的千米长孔定向钻机达到世界领先水平。

山西煤化工装备主要是以阳煤化机和太重集团等重点装备企业通过自主研发与技术引进，大力发展大型、高压、高温、高效加压、劣质煤种气化炉、合成反应器等煤化工成套装备，形成以现代煤化工关键设备为主导产品的产业链条。近年来，山西煤化工装备中的各种特种承压设备，非标压力容器、起重机械和其他部分机械设备的安全质量性能和节能减排性能，达到世界先进、国内领先的技术水平。重点产品畅销全国三十个省、市、自治区，部分产品远销印度尼西亚、越南、印度、爱沙尼亚等国家。

山西积极拓展延伸电力装备制造产业链，鼓励研发矿井乏风氧化发电、低浓度煤层气发电、清洁环保燃煤发电、光伏电池光电转换等先进技术和装备，重点发展低热值煤大型循环流化床锅炉、低温余热发电装备、3MW 风力发电机组、超高效光伏电池及组件、大功率煤层气发电机组等。2017 年，太原锅炉集团有限公司大型循环流化床锅炉制造基地项目基本完工落地，极大地带动了山西电力装备行业发展，山西易通集团充分利用低温发电领域的技术优势和装备优势，加快工业余热全天候低温发电机组项目建设。以太重风电为代表的风电装备企业，紧抓山西打造能源革命排头兵战略部署机遇，大力发展大功率风电机组成套技术，初步建立相对完备的风电装备研发制造体系。

山西将绿色发展作为发展理念，大力发展节能环保产业，节能环保装备也取得快速发展。易通环能的“双循环低温余热发电技术”和“LCO 法烟气脱硫脱硝一体化技术”两个项目通过了省级科技成果鉴定，技术水平居国内领先水平，获得国家多项专利的高新技术，填补了多项国内空白。山西蓝天自主研发的高效节能环保煤粉工业锅炉系统技术，填补了我国燃煤锅炉制造领域的空白，在煤粉输送、点火、燃烧及控制等应用设计方面取得了国内领先的创新成果，并成功实现了产业化生产应用。

山西光伏制造业进一步完善形成了铸锭/拉晶—切片—电池片—组件产业链条，同时带动了光伏超白玻璃、光伏背板、光伏银浆、光伏焊带等相关配套材料产业发展。全省共有光伏制造企业 12 家，布局在吕梁、长治、太原、晋城、晋中、朔州、临汾等市。

山西 LED 制造产业继续快速发展，形成了外延芯片制造—封装灯珠—应用（包括 LED 显示屏、LED 灯具、LED 背光源等产品制造）产业链条。全省共有 LED 制造企业 12 家。其中，龙头企业山西高科华烨集团拥有 7 家从事 LED 制造的子公司，产品涵盖 LED 显示屏、封装灯珠、照明灯具、注塑等上下游产业配套，依托大企业集聚，产业化协作优势明显，生产规模已进入全国前三。

四、农业供给侧结构性改革稳步推进

农业产业布局持续优化，汾河平原、上党盆地、雁门关、太行山、吕梁山和城郊农业六大特色农业发展区域加快构建。实施了农业标准化战略，打造运城农产品出口平台，带动山西农产品质量提升。打造山西“农谷”，组建山西功能食品研究院，建设现代农业创新高地和功能农业示范区。强化农业基础支撑，重点支持农业基础建设、科技创新、结构调整、农民增收。完成高标准农田建设 200 万亩，新增高效节水灌溉面积 60 万亩。近年来，粮食综合生产能力稳定在 130 亿公斤，特色产业产值占农林牧渔业总产值比例提升至 75%，特色农产品出口扩大至 68 个国家和地区，出口产值达 5. 91 亿美元，年度增长 36. 7%。

山西把推进城郊农业发展作为调整区域结构的突破口，2017 年出台《壮大新产业新业态加快城郊农业发展的意见》，安排专项资金支持城郊农业结构调整领域的基础设施建设，发展高端高效农业、精品农业等。把园区建设作为重要载体，通过“生产 + 科技 + 加工 + 流通”，促进要素集中、产业集聚、企业集群、改革集成，激发产业链、价值链重构和功能升级，山西建设高标准现代农业园区 162 个。晋中、长治两市和高平等五县列入国家现代农业示范区。

山西以创建国家特色农产品优势区为目标，按照全域打造、全产业链开发，实施“玉米替代五大行动”，发展杂粮、鲜干果、蔬菜、中药材、饲草作物。与此同时，培育壮大新产业、新业态。积极构建以右玉、管涔山、关帝山、太行山为中心的四大生态休闲农业产业带，以太原、大同、临汾、长治为核心的四大现代都市休闲农业圈。实施乡村旅游示范提升工程，开展“农家乐”标准化建设，集中打造岚县土豆节、大同黄花节、隰县梨花节等一批乡村旅游品牌。充分发挥山西红枣、山药等药食同源资源丰富的优势，下大气力把产品调特、品质调高，促进特色产品向优质升级、功能拓展。大力开发功能食品，制定加快功能食品业发展3年规划。目前山西有60家企业被许可为保健食品生产企业，相关产业生产总值约100亿元。加强品牌建设，着力打造区域公用品牌、企业品牌和产品品牌。深入实施优质粮食工程，省级重点打造“山西小米”等晋字号品牌。岚县马铃薯、沁州黄小米、大同黄花被评为全国百强区域公用品牌。

五、现代服务业发展态势良好

2016—2018年山西省第三产业发展取得较大成效，第三产业增加值年均幅度大于8%。2018年达到8988.3亿元，较2017年增长8.8%，快于第二产业4.3个百分点；第三产业占山西GDP比重达到53.4%，高于第二产业占比11.2个百分点；服务业对GDP增长的贡献率为71.7%，高于第二产业45.1个百分点，继续保持经济增长的主动力作用。

山西省委、省政府高度重视旅游业发展，明确提出把文化旅游业培育成为山西战略性支柱产业，加快建成富有特色和魅力的文化旅游强省的要求，确立了山西文化旅游产业的发展新定位。自2015年开始，山西连续5年召开旅游发展大会，已成为山西贯彻落实中央要求，实现转型发展战略，推动文化旅游业迈上新台阶的重要举措。尤其是近3年，大会围绕“华夏古文明、山西好风光”主题形象，采取“1+3+N”的形式，模式上不断探索、创新，内容上更加丰富、新颖，旅游业战略地位进一步确立，工作思路更加清晰，推进措施更加有力，极大地提升了山西旅游在全国的形象地位。全省各级党委政府及旅游主管部门主动适应经济发展新常态，以转型升级、提质增效为主题，以供给侧改革为引擎，充分把握旅游产业发展新机遇，紧紧抓住旅游业创新提升重点，推动旅游业由观光为主向观光、休闲、度假并重转变，旅游服务向品质服务转变，旅游业保持健康良好的发展态势。2016 年以来，山西旅游总收入年增长 20% 以上，2018 年旅游总收入达到 6728. 7 亿元，较 2017 年增长 25. 5% 。

推进金融业创新发展，推动晋商银行启动上市，推进农信社改制，组建晋商人寿保险公司，推动组建民营银行。培育壮大天使基金、种子基金、创投基金和私募股权基金，支持战略性新兴产业和现代服务业发展。融资结构不断优化，山西在银行间市场累计募集资金在全国排第七位，融资余额在全国排第六位，中部排第一位。银行业发展稳健，除浙商、恒丰外，全国性银行分支机构已全部入驻山西，其中，政策性银行 3 家，国有商业银行 5 家，股份制商业银行 10 家，邮储银行 1 家，外资银行 2 家，总资产达到 2. 66 万亿元。地方性银行类机构 198 家，6 家城市商业银行总资产 4555. 73 亿元，192 家农村中小金融机构总资产 1. 11 万亿元。资本市场初具规模，山西共有上市公司 38 家，其中主板 31 家，中小板 4 家，创业板 3 家；新三板挂牌企业 88 家，法人证券公司 2 家，证券营业部 217 家；期货公司 3 家，期货营业部 28 家。

大力发展智慧物流、多式联运、城乡快递、冷链物流，推进太铁中鼎物流园等项目建设。完善农产品流通体系，形成了农产品加工生产、冷链物流、仓储配送和信息服务等功能较为完善的农产品流通网络。培育了 120 个农村物流配送中心。跨区域农产品流通基础设施建设中探索建立了农产品国有资本投资运营机制，8 个政府股权投资项目均已建成并投入使用，2 家企业被确定为国家首批公益性示范市场。推进农产品冷链物流标准化示范和农商互联，建立了农产品流通项目库，形成了一批有特色的冷链物流标准体系。试点建设“15 分钟便民商圈”，打造了太原“优社优家”社区电子商务、西华苑社区新型商圈、太重社区传统商圈等社区商业模式。创建了 5 家绿色商场、15 家绿色市场，培育了 16 条特色商业街。实施“老字号创新”工程，成立了山西老字号协会，正在评选首批“三晋老字号”。大力开展城市共同配送和智慧物流建设，太原市成为全国城市共同配送试点，5 家企业成为示范企业。开展物流标准化试点，推广美特好标准化托盘。

第二节　创新发展持续增强

一、科技创新扎实推进

近年来，山西聚焦创新人才少、创新成果少、创新平台少、创新企业少等问题，努力把握当前科技革命和产业革命趋势，加快推进科技创新成果转化，进一步深化科技体制机制改革，大力促进“大众创业、万众创新”上水平，不断营造激励创新的公平竞争环境，实现了科技创新、制度创新、文化创新的有机统一和协同发展。

围绕煤炭清洁高效利用、煤化工和太阳能、风能、煤层气等新兴能源，实施了一批重大（重点）科技项目，取得了煤制油、煤制高端化学品等重大技术突破，强化对“打造全国能源革命排头兵”的科技支撑，促进传统能源实现清洁高效利用和新兴能源快速发展，加快能源革命步伐。山西晋城无烟煤矿业集团有限公司参与完成的“煤层气储层开发地质动态评价关键技术与探测装备”项目获得2017年国家科技进步二等奖。“闪氢热解提油”科技重大专项项目在低阶煤热解技术领域取得重大技术创新，实现了低阶煤一步法快速、高温、高压、加氢的短流程热解，做到了低阶煤的分质、高效、综合、清洁利用。600度超临界用钢、高铁、核电用钢等取得关键性技术突破。晋华炉、循环流化床锅炉超低排放等方面突破一批关键技术。

围绕新兴产业抓创新突破，取得了镁铝合金宽厚板、石墨烯超级电容等重大技术突破。习近平总书记视察山西工作亲自考察的T 800碳纤维项目已经实现工程化，并应用到航天和航空领域。“高速动车空心车轴材料制造及加工工艺研发”项目，经过近几年的联合研究和攻关，效果显著。“轮对组成关键零部件国产化研发”项目研制出的350公里高铁轮轴已经通过技术鉴定，即将投入市场。“石墨烯基超级电容器”项目在高品质石墨烯大规模制备的基础上，突破了石墨烯储能应用的共性关键技术，形成石墨烯基超级电容器应用示范，部分技术指标国际领先。太钢研发成功圆珠笔笔头用不锈钢新材料，标志着我国笔头用不锈钢材料的自主化迈出了关键的一步，对于有效打破国外长期垄断具有重大意义。5MW级海上风电机组并网发电。“超大规模微细粒复杂难选红磁混合铁矿技术开发及工业化应用”和“高速铁路狮子洋水下隧道工程成套技术”项目获2017年国家科学技术进步二等奖。柴油/液化天然气双燃料牵引车研制成功，顺利完成了柴油/液化天然气双燃料电控系统和混合器核心部件的研发。

积极发挥科技对水污染防治的支撑作用，编制水污染防治技术指导目录。围绕生态环境、绿色环保、矿区修复、土壤治理、大气污染防治、社会公共安全、重大疾病防治等社会发展领域，新实施了一批科技计划项目。在双效抗体靶向药物、精准医学大数据支撑体系、山西特色植物生物功能因子或活性成分挖掘等方面实施一批重点项目。开展了“生态环境治理专项——汾河流域水华污染防控的关键技术”重点项目研究，研发出针对太原汾河景区水华发生的有效防控技术，已在汾河景区开展实施，取得了良好的效果。

二、创新合作深度拓展

围绕打造构建内陆地区对外开放新高地、建设资源型经济转型发展示范区、打造能源革命排头兵，进一步加强科技创新平台基地建设。研究制定推进科技创新平台基地建设的有关政策实施方案，加大经费投入，探索稳定性与竞争性相结合的支持机制，强化政策的导向与激励作用。创新组建模式，加大在战略性新兴产业布局力度，鼓励支持国内外高层次人才、企业与山西科研院所、高等院校、重点企业合作。目前，重点实验室达到75家（含国家重点实验室5家），工程技术研究中心达到107家（含国家级1家），产业技术创新战略联盟达到40家（含国家级1家）。试点建设省重点科技创新平台7个。新设立“平台基地和人才专项”科技计划，积极引进中科院、清华大学、中海油、华能集团等国内领先的煤基低碳研发机构40余家。中国工程科技发展战略山西研究院成立，山西省政府与中国工程院签署共建框架协议。山西高等创新研究院落户综改示范区，中科院深圳先进技术研究院落户山西阳城，清华大学山西清洁能源研究院建设取得积极进展。“黄土高原东部旱作节水技术国家地方联合工程实验室”获得国家发展改革委的审核批准，该实验室成为山西农业科研领域第一个国家级工程实验室。由山西中医药大学发起，联合江西中医药大学、黑龙江中医药大学与澳大利亚阿德莱德大学共同合作，发起成立全球传统医学研究院。依托太重集团建设的“矿山采掘装备及智能制造国家重点实验室”和依托晋煤集团建设的“煤与煤层气共采国家重点实验室”获批国家重点实验室。中国重汽集团大同齿轮有限公司被认定为国家国际科技合作基地，已有国家级国际科技合作基地12个，国际科技合作基地已逐渐成为山西深入发展“项目—人才—基地”相结合的国际科技合作模式，打造技术领先、人才聚集、示范引领的国际化创新平台。

建设科技资源开放共享网络管理服务平台。大力推动基于互联网的创新平台建设，建成与国家互联互通的科技资源开放共享网络管理服务平台，出台了《山西省人民政府关于大型科研设施与仪器等科技资源向社会开放共享的实施意见》《山西省大型科研设施与仪器等科技资源开放共享管理办法》《山西省科技创新券实施管理办法（试行）》。通过创新券提供运行补贴等方式，推动产权单位开放共享。目前已纳入管理单位129家，入库科研设施与仪器3162台（套），建成在线服务平台48个；建成与国家互联互通的科技报告系统，上线报告343份。

进一步拓展国内外合作交流。不断加强与国外友好地区以及“一带一路”沿线国家科技合作。充分利用国际展会的平台优势，服务山西省创新合作与技术转移需求，组织各市科技局、直属单位、相关企业参加第20届北京国际科技产业博览会、第14届中国（满洲里）北方国际科技博览会、2017中国—阿拉伯国家技术转移与创新合作大会、第5届中国—东盟技术转移与创新合作大会、2017浦江创新论坛等5个国内大型展会，切实落实“一带一路”倡议，促进山西各地市、各部门与东北亚、西亚、中亚、东盟各国在科技、经贸领域的合作与交流。成功组织山西科技代表团访问捷克、西班牙、英国，就加强煤基低碳科技领域及文物保护方面对外交流合作，取得多项成果。与捷克摩西州建立友好省州关系取得重要进展。中国—白俄罗斯政府间合作委员会科技合作分委会第一次会议在白俄罗斯明斯克举行，双方共同审议并批准了25个新项目作为未来两年双边政府间科技交流项目，山西两个项目获批中白政府间科技交流项目。

三、人才政策不断优化

扩大创新人才队伍。山西省围绕“1331 工程”等重点工作，支持“千人计划”“百人计划”等领军人才，牵头实施了一批国际合作项目。培育建设省级科技创新团队 95 个。通过实施“晋商晋才回乡创业创新工程”，努力吸引一大批创新要素和优秀人才向山西集聚。积极引进高福院士团队在山西设立山西高等创新研究院，初步计划设立 5 大研发平台，建立 10 个研究所，引进 30 名国内外高层次人才来晋开展创新研究工作。制定了《山西省科技创新团队建设计划管理暂行办法》，着力打造有影响力的领军团队。近年来，山西省“百人计划”引进和培养高层次人才 211 人和 6 个团队，“三晋学者”计划支持 69 人次，山西省“青年拔尖人才”支持 20 人。大力实施“百千万卫生人才培养工程”。启动实施了“百千万卫生人才培养工程”，截至 2018 年底，已完成高端领军人才 324 人次、骨干精英人才 1362 人次、基层适宜人才 1.6 万余人次的培养工作。

出台深化人才发展体制机制改革的实施意见，实施以增加知识价值为导向的分配政策。健全高校学科专业结构优化调整机制，建好优势专业、新增急需专业、削减需求适应度低的专业。因院施策、一所一策，全面完成省属科研院所转企改制任务，调动科研人员创新创业积极性。落实高校、公立医院、科研院所等用人、职称评审、工资分配“三项自主权”。支持院士工作站、博士后工作站和流动站、专家服务基层基地等平台建设。组织实施企业家培训工程，培育高质量专业技术人才队伍，下大力气着力解决部分人才住房问题。

四、体制机制改革创新取得成效

科技计划管理改革取得重大突破。重新规划了应用基础研究计划、科技重大专项、重点研发计划、科技成果转化引导专项（基金）、平台基地和人才专项5大类计划，将原来分布在13个省直部门的省级科技计划和财政科研资金进行了优化整合。建立了由省科技厅牵头，发改、财政等15个部门组成的科技计划管理厅际联席会议。组建了战略咨询与综合评审委员会及8个行业专家委员会。开发了统一的科技管理信息系统，实现科技计划需求征集、指南发布及项目申报、立项、结题、监督评价的全过程信息管理。建立了新的重大和重点项目形成与立项机制，出台了《山西省科技计划管理办法》“1+7”配套管理制度，基本构建了山西省科技计划管理的新体制。修订出台《山西省科技重大专项管理办法》，明确将科技重大专项重点支持方向调整为战略性新兴产业、能源产业革命、军民融合发展和社会民生重点问题等领域。出台了《山西省科技计划（专项、基金等）科技报告管理办法》，正式启动实施山西科技报告制度。

深入推进科技领域“放管服”改革。遴选6家项目管理专业机构，开展项目管理工作，科技管理职能逐步从研发管理向创新服务转变。深化科研经费管理制度、科技成果产权制度、收益分配制度等改革。落实中办、国办《关于实行以增加知识价值为导向分配政策的若干意见》，由山西省政府下发了有关通知，提高了科研人员科技成果转化收益分享比例。进一步为高校、院所等科研单位“放权”，为广大科研人员“松绑”，极大地激发了科研单位和科研人员的创新活力。出台了《山西省科研项目和科技活动经费管理办法》，下放了预算调整权限，首次对横向项目经费管理提出指导性意见。修订出台《山西省科学技术奖励办法》，增加了颠覆技术创新内容，增设了企业技术创新奖，大幅提高了奖金标准。

建立多元化、多层次、多渠道的科技投融资体系。不断强化科技与金融结合。积极开展投融资和新三板对接服务，由山西高新技术创业中心组织近 20 家金融机构，与运城、晋城、临汾等地 180 余家科技企业、民营企业和高新技术企业开展投融资和新三板挂牌业务对接服务。山西省财政出资 10 亿元设立山西省科技成果转化引导基金，由山西省转型综改示范区管理运营。

完善知识产权保护与维权服务。深入实施知识产权战略，出台了《山西省人民政府关于新形势下推进知识产权强省建设的实施意见》《山西省专利奖励办法》，首次设立了山西省专利奖。山西有效发明专利拥有量大幅增长突破万件大关，达到 12338 件。加强“12330”维权援助举报投诉平台建设，提供维权援助服务。加大专利行政执法保护工作，不断查处假冒及各类专利纠纷案件。

第三节 区域发展全面拓展

山西省依托能源矿产、装备制造、地质勘探、历史文化等自身优势，主动融入“一带一路”大商圈，积极对接京津冀协同发展、雄安新区建设等国家战略，在交通基础设施互联互通、引资引智引技、承接中高端产业转移、清洁能源供应等方面取得实质性进展。

一、区域空间全方位拓展

实施“东融南承西联北拓”战略，积极参与京津冀一体化，深度融入环渤海经济圈，在产业发展、招才引智、科技创新、基础设施、能源供应、文化旅游等方面开展全方位合作。差异化承接国际市场以及长三角、珠三角、港澳台地区产业梯度转移。制定参与“一带一路”倡议建设三年滚动计划，实施“千企百展”行动，开展国际产能合作。落实中部崛起战略，深化与中原经济区、沿黄经济区合作，推进晋陕豫黄河金三角、蒙晋冀长城金三角区域合作，融入中蒙俄经济走廊。支持太原率先发展，按照“一主一副一区多组团”架构，建设对外开放“大都市”。晋中市国家中小城市综合试点市建设，着重从产城融合、城市投融资、土地要素、民生保障和城市治理五大领域进行改革突破。忻州市、晋城市、大同市、阳泉市正式加入环渤海区域合作市长联席会议。

二、京津冀协同发展不断深化

主动对接京津冀协同发展、环渤海经济圈、雄安新区等国家战略。国务院批复的《环渤海地区合作发展纲要》进一步明确了山西在国家开放战略中的布局和区域发展定位，同时，山西被列为中蒙俄经济走廊国内 10 个合作省份之一。山西与京津冀、环渤海地区在能源、战略性新兴产业、文化旅游、基础设施等方面的合作呈现深度融合态势，积极承接珠三角、长三角等地区产业转移，蒙晋冀（乌大张）长城金三角、晋陕豫黄河金三角建设取得了实质性进展。

打造京津冀一体化清洁能源生产供应基地，加快推进晋北千瓦大型风电基地、太原西山国家新能源示范区的建设，推进大同、阳泉等采煤沉陷区光伏基地的建设，推进大同、长治、运城等地新能源城市建设。推进与京津冀地区旅游资源共享，雁门关成为国家 5A 级景区，太行山大峡谷、洪洞大槐树通过了国家 5A 级景区景观质量评审，晋国博物馆、渠家大院、圣天湖成为国家 4A 级景区，汾酒文化景区成为 10 个国家工业旅游示范基地之一，平顺县成为国家 15 个中医药健康旅游示范区创建单位之一。

三、基础设施内通外联顺利推进

进一步完善综合交通运输体系，狠抓“铁、公、机”“岸、港、网”等基础设施建设，加快大张客专、太焦客专、原大客专、阳泉北至大寨城际铁路等重点项目的建设，打通省际断头路，积极推进 14 个未连通高速公路出省口建设，全省铁路、公路、高速公路营运里程增加到 5293 公里、14.3 万公里、5335 公里。完善骨干机场功能，发展临空经济。2017 年，太原武宿机场年旅客吞吐量首次突破 1000 万，达到 1200 万人次，进入全国繁忙机场行列。推进通用航空和航空口岸建设，新建朔州机场项目已完成选址工作，晋城机场项目已启动前期研究工作，太原机场三期改扩建前期研究已启动，长治机场改扩建项目正在推进中。

加快建设“岸、港、网”，实施太原铁路口岸建设，启动太原航空口岸“一站式作业”试点，加快推进大同航空口岸正式开放，实现运城航空口岸临时开放，推进五台山航空口岸临时开放。加快太原、大同、临汾无水港建设，完善提升太原武宿综合保税区、太重（天津）重件码头等物流港功能，太重（天津）滨海重型机械有限公司码头 1 号、2 号、3 号泊位正式对外开放。加快网络基础设施建设，积极推动山西（阳泉）智能物联网应用基地试点建设，将太原增设为国家级互联网骨干直联点。

第四节　城乡统筹稳步推进

山西把协调发展放在事关发展全局的重要位置，坚持统筹兼顾、综合平衡，正确处理发展中的重大关系，着力促进经济社会协调发展、城乡协调发展、区域协调发展、物质文明和精神文明协调发展、军民融合发展，补齐短板、缩小差距，努力推动形成各区域、各领域欣欣向荣、全面发展的景象。

表 3－1　2010—2018 年山西省城乡人口比重

年份	城镇		乡村	
	人口数	比重（%）	人口数	比重（%）
2010	1717.43	48.05	1856.68	51.95
2011	1785.31	49.68	1807.97	50.32
2012	1851.08	51.26	1759.75	48.74
2013	1907.92	52.56	1721.88	47.44
2014	1962.32	53.79	1685.64	46.21
2015	2016.37	55.03	1647.75	44.97
2016	2069.63	56.21	1612.01	43.79
2017	2122.92	57.34	1579.43	42.66
2018	2171.88	58.41	1546.46	41.59

一、区域城乡协调发展成效显著

太原都市区规划编制顺利完成。充分发挥太原都市区对全省创新驱动、转型升级的核心引领作用，加快推进山西转型综改示范区建设，提升省会太原在全国的地位，带动全省发展，参与区域竞争，发挥好山西转型发展的主引擎作用，在前期开展的城镇化发展战略研究基础上，依据并充分吸纳“一核一圈三群”规划、山西高校新校区和科技创新城规划，组织编制了太原都市区规划。党的十九大后规划进一步贯彻习近平新时代中国特色社会主义思想，总体定位为国家新型产业基地和能源科技创新中心，国家资源型经济转型与绿色发展示范区，具有国际影响力的文化旅游都市，努力把太原市建设成为国家区域中心城市。

加快推进“五规合一”试点工作。太原市已经完成了“五规合一”空间总体规划编制和信息平台建设工作，并积极优化建设项目审批流程再造，“五规合一”信息平台已部署至太原市政务专网并和相关部门联通对接。大同市坚持先行先试，编制了《大同市“五规合一”工作方案》，将国民经济和社会发展规划、城乡规划、土地利用规划、生态环境保护规划、产业园区规划5个规划的相互协调整合，建立统一的空间规划体系，解决了各项规划自成体系、内容交叉重复、缺乏衔接协调等突出问题，实现了一张蓝图管控，建立了大同市“五规合一”信息联动平台。在全面总结太原、大同两市试点工作经验的基础上，山西住建厅制定了《山西省多规合一规划编制技术导则》《山西省多规合一信息平台建设指南》，为下一步全面开展工作提供了技术管理依据。

市县总体规划编制持续推进。按照城乡一体化发展要求，着力推动城乡总体规划编制改革，2017年制定印发《山西省县（市）城乡总体规划编制导则（试行）》《山西省县（市）城乡总体规划技术审查要点

（试行）》，2018 年开展《山西省设区城市总体规划编制导则》《山西省县（市）城乡总体规划编制导则（试行）》修订工作，用以指导全省县（市）开展总规修编。目前太原市、大同市、长治市、运城市城市总体规划正在开展前期研究，临汾市、晋城市城市总体规划修编已经山西省人民政府同意，正在进行编制，临汾市已完成纲要的初步方案，原平市、高平市、盂县、黎城县等城乡总体规划纲要已通过山西省住建厅组织的技术审查，河津市已完成初步成果，代县已经山西省政府同意，正在进行编制，其他市、县的总体规划修编工作正在按计划推进。

二、物质文明和精神文明协调发展取得新成效

现代公共文化服务体系进一步完善。公共文化设施建设成效明显。山西晋剧艺术中心主体封顶，大同市图书馆新馆、太原市图书馆新馆建成开放，以县级公共图书馆、文化馆、美术馆为代表的“百县强基”工程扎实推进。省市县三级公益文化设施达标率达到 82.38%，较上年增长 2.32 个百分点。基层综合文化服务中心试点建设稳步推进。启动“百乡千村”试点建设，有效带动了全省基层综合性文化服务中心建设。全省已建成 1409 个乡镇（街道）综合文化站和 9363 个村级综合性文化服务中心。着眼基本公共服务标准化均等化，公共文化机构管理运行体制机制改革试点取得成效。山西省遴选 17 个县（市、区），积极探索县域公共文化机构总分馆管理体制和运行机制，取得一定的阶段性成果，全省共建成文化馆总馆 19 个，分馆 127 个；图书馆总馆 20 个，分馆 146 个。持续开展公共文化服务体系示范区（项目）创建工作，带动全省公共文化服务能力不断提升。晋中、晋城两市分别入选第三批和第四批国家公共文化服务体系示范区建设试点，吕梁市“临县贫困村综合文化服务中心建设”项目入选第四批示范项目创建名单。

持续推进文化和旅游融合发展，推进“非遗”和演艺进景区。举办“黄河之魂·长城博览·大美太行美术作品展”和“唱响黄河、长城、太行山”首届中部六省（山西）合唱展活动，助力打造三大旅游品牌。重点围绕黄河、长城、太行三大板块核心区域或城市策划创作推出具有深厚文化内涵的剧（节）目，如《雄关娘子》《风云广胜寺》等。平遥古城景区古城小剧场和非遗展销中心已完成基础建设和展销中心展区陈设与小剧场茶台设置，正在搭建仿古建筑舞台和安装灯光音响设备。景区开设非遗传习基地，开展非遗项目展示，展演工作也初见成效，渠家大院和乔家大院、和顺县传统古村落许村均建立了非遗传习点，昔阳大寨景区内开设了非遗特色产品店铺，大同古城景区组织了特色“非遗”演出等。

推进文化和科技相融合，积极开发文化创意产品。山西文化云规划建设了山西文化资源管理平台、山西公共文化服务平台以及山西文化产业服务平台三大系统平台，于2017年8月正式上线运行，初步完成了省级云建设。举办山西省第二届文创产品展暨文化创意设计大赛，全面展示山西2017年以来的文创精品，212家研发单位、1262件（套）作品参展。举办“梦从这里出发”山西省第三届高校毕业季美术作品展，为高校文化创意开发提供了作品推介、展示、市场推广等方面的合作交流平台，20余类近600件作品参展。

三、军民融合协调发展取得进展

创新军民产业融合机制，推进军民融合产业园和产业孵化基地建设。推进移动、联通、电信、华为、百度、浪潮、吕梁军民融合云计算等数据中心建设，争取国家部委和金融机构在山西布局大数据中心或灾备中心，筹划建设智慧山西云平台，打通信息孤岛，推动数据资源开放共享。启动编制《山西军民融合发展战略纲要》；初步起草加快国防科技工业军民融合深度发展的实施意见及若干政策措施；研究制定国防科技成果就地转移转化管理办法。

组织开展军民融合创新示范区建设，编制了《山西省创建国家军民融合创新示范区总体方案》，按照《中央军民融合发展委员会2018年工作要点》，制定了《山西省创建国家级军民融合创新示范区工作方案》，依托军民融合创新示范园区建设，培育一批军民融合发展重点区域、企业、项目、高校、实验室等。

搭建交流平台，打造专家智库。充分发挥山西军工人才优势，着手建立山西国防科技工业协同创新专家库，目前已确定协同创新专家316人；开展协同试点，推动军民科技资源共享，首批推动314项军工重大试验设施和大型科研仪器对外开放，设备原值总价值达1.9亿元。

建设军民融合公共服务中心，推动产业融资平台建设，促进军民融合创新要素融合，推进设立山西军民融合产业发展投资基金并已完成工商注册，规模100亿元；搭建军民融合创新平台，全力打造产业聚集平台建设和军民协同创新平台建设，加快筹建山西军民融合成果交易中心、产业孵化中心，推动在山西股权交易中心开设“军民融合板”。

四、乡村振兴战略实施有序推进

山西省委、省政府高度重视乡村振兴战略规划编制工作，在省委农村工作会议上进行了全面的安排部署，组织省直各部门在山西省外和省内开展乡村振兴专题调研，形成专题调研报告，成为《总体规划》编制的重要参考。山西充分借鉴兄弟省市先进经验，在深入调查研究的基础上，形成了初稿。与省直有关部门反复沟通，与各专项规划充分对接，广泛征求意见、建议，分别在太原和北京召集省内和国家层面专家进行咨询评审论证，于2018年9月正式印发。规划对表中央精神、对标国内先进，立足山西实际，突出山西特色，以城乡空间融合为切入点，着力推进“产业兴旺、生态宜居、乡风文明、治理有效、生活富裕”五大重点任务，聚力打好脱贫攻坚战，强化人才、体制机制两大有力支撑，实施5个重大工程、20项重大行动和100个重大项目，走出中国特色社会主义乡村振兴道路山西路径。市、县两级也积极开展乡村振兴战略总体规划和“5+1”专项规划的编制，并陆续颁布实施。

山西学习借鉴浙江“千村示范、万村整治”经验做法，扎实打好农村人居环境硬仗，进一步促进乡村环境治理提档升级。2018年山西省召开全省实施乡村振兴暨改善农村人居环境现场推进会，启动拆违治乱、垃圾治理、污水治理、厕所革命、卫生乡村“五个专项”行动。长治屯留区建立“农作物秸秆、畜禽废弃物、可腐烂垃圾—沼—菜”种养结合农业循环经济发展模式，既处理了农作物秸秆等农业生产废弃物，又将产业沼气用于农户生活，产生的沼渣沼液还田利用，实现了垃圾处理与农业生产生活高效循环利用，促进了农业的可持续发展。

山西先后在北京、浙江等地举办推进乡村振兴战略专题培训班，聚焦深化农村基本经营制度、农村土地制度改革、农村集体产权制度改革、健全乡村治理体系等多项农村改革问题进行学习探讨，进一步加强全省农业农村系统“三基”建设，提升“三农”干部专业化能力，打造“懂农业、爱农村、爱农民”的高素质专业化干部队伍，全面推进乡村振兴战略实施。

第五节　生态文明建设初见成效

山西省牢固树立绿水青山就是金山银山的理念，落实国土空间规划，合理划定“三条红线”和“三类空间”，坚持节约优先、保护优先、自然恢复的方针，把生态文明建设融入经济社会发展全过程，开展大气、水、土壤污染防治三大战役，推动“高碳资源低碳发展、黑色煤炭绿色发展”，倡导绿色低碳发展方式和生活方式，美丽山西建设取得新成绩。

一、山水林田湖系统治理初见成效

实施太行山、吕梁山生态保护修复工程，深入推进林业“六大工程”，营造林400万亩。全面推进“七河”生态修复治理，“控污、增湿、清淤、绿岸、调水”五策并举，实现汾河“水量丰起来、水质好起来、风光美起来”。推进大小水网建设，加快完成万家寨引黄全能力配套工程，实现大水网隧洞骨干连通工程全部贯通，辛安泉供水和东山供水工程正式投运，小浪底和中部引黄工程试运行，县域小水网工程取得实质性进展。推进汾河、桑干河等重点流域生态修复治理，开展京津冀晋地下水修复试点，完成水土流失治理面积525万亩。开展清水行动，推进“五水同治”，开展“控源头、保清流”专项行动。推进净土行动，建设垃圾焚烧发电厂。开展了黄土高原生态修复治理工作，通过实施干果经济林战略、科技兴林战略和森林保护战略，逐步形成比较完备的林业生态体系，使生态环境退化和土地沙化得到有效控制，生态状况得到明显改善。推进了黄土高原水土流失综合防治工程，大力实施国家水土保持重点建设工程、坡耕地水土流失综合治理工程、淤地坝除险加固工程、京津风沙源治理工程水利水保项目、黄土高原沟整区固沟保源综合治理工程等5个国家水土保持重点工程，企业、个人等社会力量积极参与水土保持生态建设。

大力推进水生态系统保护与修复。全省共清理违章垃圾堆积物788.5万立方米，清理违章桥梁36座，清理非法采砂201处，清理河道淤积1164.1万立方米，清河专项行动初见成效。全面启动了汾河、桑干河、滹沱河、漳河、沁河、涑水河、大清河等七河生态保护与修复工程。组织完成了山西省县级及以上集中式饮用水水源环境状况评估工作，随后推进乡镇级及以下水源地基础信息调查工作。由省环境监察总队牵头，指导各市对饮用水水源保护区内违法建筑进行清理整顿，并督促各市开展饮用水水源保护区规范化建设。

二、环境污染治理力度不断加大

全面推进大气污染防治，发挥大气环境保护标准导向作用。2018年将执行大气污染物特别排放限值范围由国家要求的太原、阳泉、长治、晋城4个京津冀大气污染传输通道城市扩大到全省范围。积极推进大气污染治理重点工程。全面完成火电、钢铁、水泥等重点行业环保提标改造，火电单机30万千瓦机组全部实现超低排放改造。实施“散乱污”企业综合整治，2017年取缔“散乱污”企业7400多家。制定了全省房屋建筑及市政工程施工工地扬尘综合整治年度专项整治工作方案，出台了《山西省城乡环境综合治理条例》。各地市运管部门强化了渣土运输车辆监管，餐饮油烟污染治理力度显著加强。大力推进机动车污染防治，累计淘汰黄标车及老旧车约67万辆。全面落实环保电价政策。对达标发电企业实施环保电价和超低排放电价补贴，有效利用经济政策促进燃煤发电企业实施环保设施改造。强化重污染天气预警应对。对《山西省重污染天气应急预案》进行了再次修订，同时11个设区市均按照通道城市标准修订了市级应急预案。预报预警能力得到提高，完成省市两级重污染天气预报预警系统，并与国家联网，预报能力显著提升，为重污染天气应对决策提供了技术保障。实施应对重污染天气调度令制度，按照从严预警、提前应对、区域联动的原则，要求相关市统一启动橙色级别以上预警，有力督导了各市重污染天气应对工作，重污染天气污染峰值大幅减少，有效保障了"大气十条"目标完成。

全面推进水污染防治。大力推进工业水污染治理，印发了《关于推进完成省级及以上工业集聚区集中治理水污染考核认定工作的通知》，对完成工业集聚区集中治理水污染考核工作进行部署，加大推进力度。25个省级及以上工业集聚区全部按规定建成了集中式污水处理设施，24个安装了在线监控装置。2016年全面完成"十小"企业取缔工作。城镇水污染治理得到提升。省会太原市建成区污水基本实现全收集、全处理。太原市城市建成区共有6座污水处理厂，总设计处理能力82万吨/日，出水水质均为国家一级A排放标准。各污水处理厂运行稳定，达标排放。重点湖库、重点湖库敏感区域范围清单内涉及山西省黄河流域运城市的平陆县、闻喜县、夏县、垣曲县，涉及的18座城镇污水处理设施已全部达到一级A排放标准。农业农村水污染得到有效治理。对禁养区内依法确需关闭或搬迁的养殖场进行关闭和搬迁。

大力推进土壤污染防治。发挥土壤环境保护标准的导向作用。印发了《山西省土壤污染防治工作方案》《山西省土壤污染防治2017年行动计划》，对完善地方标准规范进行了安排部署。推进全省土壤污染状况详查，成立了土壤污染状况详查工作领导组，制定了《山西省土壤污染状况详查实施方案（农用地）》，共完成11579个样点土壤样品的采集，占总任务量的91.7%；完成土壤样品制备7896个，占总任务量的62.6%；完成测试土壤样品1178个；上报数据288个。完成了2562个样点农产品样品的采集，占总任务量的96.7%。积极推进土壤污染治理与修复。山西省人民政府与11个地市人民政府签订了《土壤污染防治目标责任书》。印发了《山西省土壤污染治理与修复规划》，明确了全省土壤污染治理与修复重点任务、责任单位和分年度实施计划，建立了项目库。目前全省土壤修复试点项目进展顺利，部分项目已经进入待验收阶段。

三、生态文明体制机制创新迈出新步伐

切实落实环保责任，开展环保督察。出台《山西省环境保护督察实施方案（试行）》等重要文件，督促地方党委、政府及相关部门落实环境保护责任，进一步改善全省环境质量。成立了省环境保护督察领导小组，对各设区市党委和政府及有关部门开展环保督察。督察内容包括国家和山西省环境保护决策部署贯彻落实、履行环境保护工作责任和环境质量改善等情况。山西省在强化国家环保督察所发现问题整改的同时，实现了省级环保督察全覆盖。

强化环境监督执法。各级环保部门严格执行新《环保法》，坚持开展严厉打击环境污染违法犯罪行为专项行动，始终保持打击环境违法行为的高压态势。以偷排、偷放等恶意违法行为为重点，依法严厉查处环

境违法行为。根据《关于报送新修订 < 环境保护法 > 的配套办法执行情况的通知》要求，每月按时上报适用配套办法案件情况。

建立健全排污许可制度。省政府办公厅印发了《控制污染物排放许可制实施计划》，对山西省排污许可制度改革进行了全面布局和统筹安排。核发国家统一编码的排污许可证 590 张。其中火电 137 张、造纸 42 张、钢铁 39 张、水泥 140 张、焦化 132 张。开发建设了山西省排污许可管理系统，统一排污许可信息的采集、存储和管理，提高排污许可信息化水平。

强化生态环境监测预警。环境空气质量预报及重污染天气预警工作步入正轨，系统运用空气质量监测数据、气象数据和污染源排放数据，通过空气质量数值模式高性能集群运算，每日对未来 3 天全省区域空气质量进行预报及信息发布，定时向所辖城市提供空气污染过程预报指导产品。每年秋季至次年春季或其他时段重污染期过程期间，每周进行未来 7 天空气质量潜势预报。在重大节假日和重要事件期间，会同省气象局每日与京津冀及周边六省市环境监测部门对全省空气质量预报进行会商及潜势分析，预测分析未来一周空气质量状况，为环境空气质量应急管控提供了技术支撑。

第六节　开放发展不断拓展

开放是繁荣发展的必由之路，是内陆地区实现后发赶超的重要法宝，构建对外开放新高地更是决定山西未来发展的关键一招。当前，世界经济呈现回暖向好态势，新一轮科技革命和产业变革蓄势待发，新产业、新技术、新业态层出不穷。我国经济发展进入新常态，国家“一带一路”倡议深入实施，区域协同发展、合作共赢不断推进，新产品、新业态、新模式不断涌现，为山西构建内陆地区对外开放新高地创造了良好的外部环境。山西资源型经济转型全面上升为国家战略，政治生态由“乱”转“治”，发展由“疲”转“兴”，全面深化改革的良好态势不断巩固，结构调整步伐加快，发展环境和政策利好不断叠加，主动转型、创新转型、深度转型、全面转型的态势已经显现，全省构建内陆地区对外开放新高地的内生动力持续增强，迎来了难能可贵的历史机遇。

一、对外开放成效显著

在新的历史起点上，构建内陆地区对外开放新高地机遇前所未有，其时已至，其势已成。以构建内陆地区对外开放新高地为战略定位，既是牢记习总书记殷切教导，又是走好山西新征程的必由之路，也是提升山西省在全国开放格局中地位的重要举措；既是趟出资源型经济转型发展山西路径的任务要求，又是缩小与发达地区差距的战略选择；既是服务国家重大战略的使命担当，又是破解制约山西发展“五大难题”的重要路径。

近两年来，全省上下以打造全国重要的产业转移承接地、交通运输集散地、优势要素集聚地、“一带一路”重要节点、京津冀协同发展的辐射区和支撑带为重点，努力克服资源型地区眼睛向内的习惯，以开放的心态推进转型发展，构建互利共赢、多元平衡、安全高效的开放型经济和新高地。

新高地建设全面推进。加快太原率先发展，提升开放能级，打造“龙头引领、多极支撑”的区域对外开放新格局。支持大同打造融入京津冀桥头堡。构建对外开放“大通道”，推进大张、太焦、大原等重点铁路项目建设，加快雄安至忻州高铁项目前期工作，开展太原至延安高铁项目前期研究。开通太原至北美、欧洲、澳洲等国际航线，开展太原武宿机场三期改扩建工程前期研究。完善中欧、中亚班列运行机制，建设大同、阳泉等国际陆港，推进国际邮件互换局和国际邮件交换处理中心建设。培育对外贸易“新主体”，实施外贸主体培育工程，支持中小外贸企业和外贸综合服务、跨境电子商务等新兴业态健康发展。鼓励出口企业设立“海外仓”。

招商引资高效精准。推进熟地储备、标准化厂房等要素供给，加强跟踪服务，促进项目落地投产。推进招商引资体制机制改革，强化驻外办事处和各类商会在招商引资中的窗口和桥梁作用。改进和完善招商引资考核体系，加大签约项目开工率、资金到位率考核权重。启动实施“晋商晋才回乡创业创新”工程，与国内外一批行业龙头企业开展深度合作，鼓励和吸引晋商晋才在山西设立总部企业、研发中心、营销中心、结算中心。2017 年全省招商引资签约项目 1594 个，总投资 11337.64 亿元，招商引资到位资金 4938 亿元。2018 年全省招商引资签约项目 2518 个，总投资额 15643.4 亿元，开工项目 1652 个，总投资额 4030.9 亿元，招商引资新开工项目到位资金 1082.4 亿元。开展山西品牌中华行、丝路行活动。新增国际友好城市 7 对，举办低碳论坛、平遥国际摄影大展、国际电影展等重大对外交流活动。

外贸转型发展取得进展。建设国际贸易“单一窗口”，推进投资贸易便利化。培育外贸综合服务企业和跨境贸易电子商务等新兴业态。制定重点出口产品支持政策，扩大山西产品出口规模。积极扩大进口，重点支持先进设备、先进技术进口。承接发达地区加工贸易转移。复制推广自由贸易试验区改革试点经验，启动山西自由贸易试验区申报，成功开通中欧、中亚班列。2018 年，山西省进出口总值 1369.9 亿元人民币，比 2017 年增长 17.8%，高于全国平均增速 8.1 个百分点，进出口总值居全国第 22 位，增速居全国第 9 位。进出口规模创历史新高。2018 年山西省出口 810.4 亿元，增长 17.4%，高于全国平均增速 10.3 个百分点；进口 559.5 亿元，增长 18.4%，高于全国平均增速 5.5 个百分点。贸易顺差 251 亿元，增长 15.3%。在山西省外贸进出口中，加工贸易仍占主导地位，一般贸易保持平稳增长。2018 年，山西省加工贸易进出口 928.9 亿元，增长 14.9%，占全省外贸总值的 67.8%。一般贸易进出口 425.5 亿元，增长 22.3%，占全省外贸总值的 31.1%。外商投资企业进出口占半壁江山，国有企业、民营企业进出口稳步增长。

2019 年 2 月 26 日，外交部山西全球推介活动成功举办，魅力山西吸引世界目光；4 月 21 日，2019 年山西品牌丝路行走进俄罗斯、芬兰、瑞典三国，签订协议17项，达成合作意向14项，山西的“朋友圈”继续扩大；中欧班列开行25列，开行数量较2018年同期翻一番。

山西深度融入京津冀、粤港澳大湾区、长三角及中原经济区，深化拓展2018年对外开放重大举措和活动成果，落实与粤港澳达成的合作事项，深化与C9高校战略合作，拓宽了交流渠道。据统计，2019年第一季度，山西先后参加了9场对外文化交流活动，足迹遍及俄罗斯、巴西、埃及、斯里兰卡等国家。全省旅游共接待入境过夜旅游者9.88万人次，同比增长5.49%。实现入境旅游创汇5387.39万美元，同比增长7.04%。

在“走出去”的同时，山西对标省外先进，创新招商引资工作方式，让外界更加了解山西，拓展合作空间。利用投洽会、津洽会、工博会等国家级国际化的展会平台，全面展示山西在思想观念、营商环境、改革创新、扩大开放等方面的崭新形象；为企业与客商搭建平台，展示商品、交流对接、促进合作；围绕制造业十二大领域，主动对接国内外行业领军企业，开展精准招商；在开放平台建设、政策环境优化、对外经贸合作等方面对标一流，复制推广深圳前海蛇口自贸片区制度；太原国际邮件互换局正式开展国际邮件监管业务；在武宿综合保税区落实9项政策红利，全面提升综保区发展质量和发展效益，促进主动开放、全面开放、双向开放，第一季度全省招商引资共签约项目371个，总投资2669.4亿元。新山西、新未来、新机遇。山西正在加快形成高水平开放新格局。

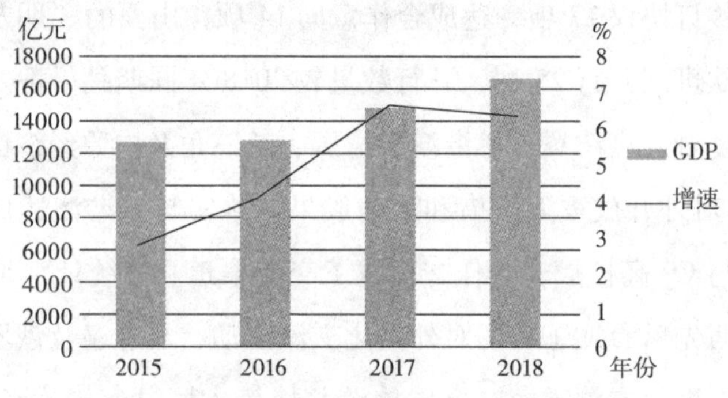

图3-1　山西省2015—2018年GDP情况

二、整合优势搭建对外开放新平台

充分发挥全省各类开发区（园区）开放平台的载体功能，统筹推进各类开发区功能规划布局，建设低碳、生态、循环发展的品牌示范园区，同时，积极参与国家自贸区建设，充分利用自由贸易协定优惠贸易政策、产业保护政策、开放倒逼机制等制度创新优势，找准定位、主动作为，全面提升对外开放水平。

（一）充分发挥政策优势，率先打造“六最”营商环境

第一，加快山西转型综改示范区“三化三制”改革，不断完善“1+2+26”政策支撑体系，落实好省委省政府省人大赋予示范区的相关政策，探索实现政府治理体系现代化。第二，吸收借鉴用好中关村国家自主创新示范区先行先试等相关政策，研究制定山西落实中关村国家自主创新示范区“1+6”“新四条”等政策的实施方案和实施细则。第三，制定科技金融结合的改革措施，出台示范区科技创新重大平台建设规划。复制推广青岛财富管理金融综合改革试验区等在创新财富管理发展机制方面的政策。第四，鼓励山西转型综改示范区以简政放权、放管结合、优化服务为核心积极探索体制机制创新，率先实行“六最”营

商环境的运行机制。第五，建立完善以负面清单管理为核心的投资管理制度、以政府职能转变为核心的事中事后服务制度、以金融服务集聚开放为目标的金融创新制度、以“互联网+”为重点的便利化政务服务新模式等方面，形成一批可复制、可推广的改革创新成果。

（二）充分发挥高端集聚效应，打造特色开放平台

第一，制定山西转型综改示范区产业发展相关专项规划，不断提升山西转型综改示范区整合国际国内高端要素资源的能力和水平，加强谋划重大项目储备，大力引进带动性强的龙头项目。第二，以引进大项目、好项目为载体，在山西转型综改示范区内创建战略性新兴产业集聚区，国家高（新）技术产业（化）基地、国家新型工业化产业示范基地。第三，支持山西转型综改示范区加快建设一批国际贸易中心、国际物流中心、先进制造研发转化中心、资本运营中心。

（三）充分利用自贸协定优势，创建我国（山西）自由贸易区新平台

第一，以山西转型综改示范区为主体，全面复制推广自由贸易试验区投资管理、贸易监管、金融创新、事中事后服务等方面的改革举措，着力打造我国（山西）自由贸易试验区，组织、人事部门从先进省市选调人才来山西交流。第二，以制度创新为核心任务，力争建成投资贸易便利、监管高效便捷、高端产业集聚、金融服务完善、法制环境规范、带动效应明显的内陆自由贸易试验区，成为内陆国际物流中心、内陆服务贸易中心、内陆功能性金融中心。第三，统筹自由贸易试验区规划布局。按照基础条件较好、开发程度较高、承担改革试点任务能力较强、能够较快显现试点成效的标准，重点在太原、大同、临汾、运城等地科学确定具体区域。第四，借鉴吸收上海、广东、天津、福建自由贸易试验区改革试点经验，完善国际贸易“单一窗口”建设，推进投资管理体制改革，探索实施市场准入负面清单管理方式。加快形成内陆地区国际化、市场化、法治化的公平、统一、高效、安全的营商环境。第五，积极探索具有内陆特点的开放创新事宜。探索建立促进自由贸易的账户体系，扩大跨境人民币使用，推动跨境投融资、跨境结算便利化，深化跨国公司总部本外币资金集中运营管理试点。

第七节　民生福祉持续改善

人民对美好生活的向往，就是我们的奋斗目标。“十三五”以来，山西上下牢记总书记关于“保障和改善民生没有终点，只有连续不断的新起点”的重要论述，落实以人民为中心的发展思想，始终把民生改善作为一切工作的出发点和落脚点，准确把握需求结构、社会结构变化给民生领域带来的新问题，列出清单、精准施策，一件接着一件办，一年接着一年干，让群众看到变化、感受到实惠。

一、民生保障能力进一步提高

基本公共服务均等化水平进一步提高。在全省21个集中连片贫困县实施营养改善计划国家试点、46个县开展地方试点工作，惠及52余万名学生。对“大班额”学校实行销号管理，解决“大班额”“择校热”等突出问题。全面实施全民参保计划，社会保险综合参保率达95%。全省32个博物馆、纪念馆和全国爱国主义教育基地向社会免费开放。全面推进基层综合性文化服务中心建设，建成1409个乡镇（街道）综合文化站和9363个村级综合性文化服务中心。实施广播电视直播卫星户户通工程、农家书屋工程、全民阅读活动、农村电影放映等一系列惠民工程。

义务教育一体化水平提高。深化教育改革，扎实推进义务教育标准化建设工程和农村薄弱学校改造计划，统筹推进城乡义务教育一体化改革发展。截至2017年底，全省有84个县（市、区）基本消除超大班额，有54个县（市、区）基本消除大班额。50余个县（市、区）采取“名校+新校”“名校+弱校”“名校+普校”模式，大力推行教育联盟、集团化办学，扩大优质资源覆盖面。针对农村学校“空心化”问题，以县为单位制定学校布局优化方案，该留的留、该撤的撤、该并的并，2017年撤销空壳学校432所，合并小规模学校264所。110个县通过国家义务教育基本均衡县（市、区）评估认定，整体正向市域均衡、优质均衡升级。

就业创业服务体系逐步完善。坚持实施就业优先战略，全面加强就业工作，突出抓好重点群体就业，实现零就业家庭动态清零。推进落实职业培训全覆盖计划，积极推进农民工职业技能提升——“春潮行动”“冬季行动”、在校大学生创业培训、高校毕业生技能就业行动、化解过剩产能企业职工特别职业培训、农村劳动力技能脱贫攻坚行动、企业新型学徒制试点等职业培训重大专项活动。2016年以来，全省共组织各类职业培训171万人次，落实职业培训补贴2.68亿元，落实职业技能补贴3565万元。2017年，在全省对6万名建档立卡农村贫困劳动力组织开展免费职业培训，经培训合格的68260人。按照“人人持证，技能社会”的构想，启动实施全民技能提升工程。

收入分配格局不断优化。拓宽居民增收渠道，城镇居民、农村居民人均可支配收入年均增长分别为7.6%、8.8%，农村居民收入增速持续快于城镇居民。对机关事业单位人员基本工资标准进行调整，优化工资结构。完善地区津贴制度，两次调整提高艰苦边远地区津贴标准，促进艰苦边远地区人员收入增长，调控地区间工资收入差距。提高乡镇工作补贴标准，并继续对条件艰苦的偏远乡镇工作补贴实行倾斜。对到县以下机关事业单位工作的高校毕业生级别工资档次和薪级工资予以高定，引导高校毕业生到基层工作。推进国企负责人薪酬制度改革。

社会保障体系更加完善。积极推进机关事业单位养老保险制度改革，建成了全省统一的机关事业单位养老保险信息系统。积极推进城乡居民医保制度整合工作，完成城乡居民基本医保制度并轨。深化医保付费方式改革，积极开展以医保付费总额管理和按病种付费为主，按人头、按床日付费等相结合的复合支付方式，改革积极推进跨省异地就医直接结算工作，全省12个统筹地区全部接入国家跨省异地就医结算平台，每个县至少有一所医院接入系统，基本实现异地安置退休人员和符合转诊人员住院医保费用直接结算。完善了城乡居民大病保险制度，改革大病保险分段支付方式，统一按75%的比例支付。通过建立“三保险、三救助”机制，门诊慢性病、基本医保、大病保险都制定了特殊保障政策，提高了报销比例，同时针对农村贫困人口建立了专门的补充医疗保险，解决了医保目录外费用的保险问题。进一步规范和放宽了医保个人账户的使用范围，完善了城乡居民医保门诊统筹。积极探索建立长期护理保险制度，在临汾市开展了长期护理保险试点。开展了失业保险援企稳岗“护航行动”。

全民健康水平稳步提高。深化医药卫生体制改革，县乡医疗卫生机构一体化改革成为全国典型。2017年，人均基本公共卫生服务经费补助标准从45元提高至50元，中央和省级经费全部下拨，各市县也按标准进行了配套。加快推动全民健身和全民健康深度融合，农民体育健身工程建设成效显著，实现了全省28200个行政村“全覆盖”，人均体育场地面积达到1.29平方米，平均每千人中有社会体育指导员1.5名，

62%的行政村成立了体育组织，86%的行政村配备了社会体育指导员。

养老体系建设扎实推进。积极培育社会养老服务机构和组织开展社区养老服务，实施城市社区养老服务示范工程，全省已建成城市社区老年服务中心、日间照料中心等社区养老服务设施1000多个，已有9个市建立了养老服务信息化平台。继续推进农村老年人日间照料中心建设，全省已建成农村老年人日照中心和活动中心近6000个，比“十二五”末期增长了1611个，增长率达44%。积极实施农村老年人日间照料示范工程，已经在全省评选了8个示范县、70个示范村，起到了引领示范作用。省市县乡四级公办养老服务体系基本建立，积极推进市县公办养老机构全覆盖工程，2016—2018年上半年，全省累计投入1.8亿元支持敬老院建设，截至2018年底，全省建成敬老院499个。

二、脱贫攻坚取得决定性进展

习近平总书记在党的十九大报告中指出：“要动员全党全国全社会力量，坚持精准扶贫、精准脱贫，确保到2020年我国现行标准下农村贫困人口实现脱贫，贫困县全部摘帽，解决区域性整体贫困，做到脱真贫、真脱贫。”2016年以来，精准扶贫脱贫工作已进入攻坚阶段，随着精准扶贫工作的深入推进，扶贫开发难度不断加大，扶贫资源投入持续增加，对扶贫开发部门的工作效率和质量提出了更高的要求。山西根据中共中央国务院《关于打赢脱贫攻坚战的决定》、省委省政府《关于坚决打赢脱贫攻坚战的实施意见》和《山西国民经济和社会发展第十三个五年规划纲要》扎实推进精准扶贫、精准脱贫工作，以“打不赢脱贫攻坚战，就对不起这片红土地”的态度和决心，把脱贫攻坚作为第一民生，坚持精准方略、拿出“绣花”功夫，不断完善脱贫攻坚体制机制，形成了脱贫攻坚的“四梁八柱”确保真脱贫、脱真贫。以改革创新精神破解重点难点问题，“六环联动”推进整村搬迁，“三保险、三救助”破解支出型贫困。实施“一村一品一主体”产业扶贫，推广“政银企保农”“五位一体”模式，全力推进精准扶贫八大工程20项行动，易地扶贫搬迁、特色产业扶贫和健康扶贫扎实开展，生态扶贫、光伏扶贫工作走在全国前列。强化“军令状”意识，层层压实领导责任，五级书记抓扶贫，“双签”责任书，政治优势和制度优势得到充分发挥。2017年15个贫困县摘帽、2557个贫困村退出、75万贫困人口脱贫，全省贫困县数量首次实现净减少，贫困人口规模首次降到100万人以下，贫困发生率首次降到4%以下，脱贫攻坚实现再战再胜。2018年，山西26个县进入脱贫摘帽程序，2255个贫困村退出，64.9万人口脱贫，贫困发生率下降到1.1%，脱贫攻坚实现连战连胜。2019年上半年，山西省政府批准交口县等9个省级扶贫开发工作重点县退出贫困县序列，至此，山西已有41个贫困县实现脱贫“摘帽”。确保到2020年现行标准下全省232万农村贫困人口全部脱贫、58个贫困县全部摘帽，实现全面建成小康社会目标。

表3-1　山西脱贫攻坚贫困县摘帽情况

年度	脱贫县	脱贫人口（万人）
2017	平鲁区、山阴县、昔阳县、柳林县、沁源县、沁水县、陵川县、乡宁县、安泽县、吉县、夏县、闻喜县、阳曲县、中阳县、右玉县	75
2018	保德县、方山县、娄烦县、阳高县、五寨县、河曲县、离石区、交口县、交城县、武乡县、隰县、蒲县、浮山县、古县、垣曲县、万荣县、大同县、灵丘县、繁峙县、神池县、岢岚县、左权县、和顺县、岚县、沁县、平陆县	61
2019	偏关县、广灵县、浑源县、天镇县、五台县、代县、宁武县、静乐县、榆社县、兴县、临县、石楼县、平顺县、壶关县、永和县、大宁县、汾西县	预计27

表3-2　山西国家特困连片地区脱贫情况

区域	完成情况		
	2017年	2018年	2019年
吕梁山集中连片区	吉县	神池县、五寨县、岢岚县、隰县、岚县	静乐县、大宁县、永和县、汾西县、临县、石楼县、兴县、
燕山—太行山集中连片特困地区		阳高县、灵丘县、大同县、繁峙县	天镇县、广灵县、浑源县、五台县

（一）产业扶贫

建设马铃薯脱毒种薯原种基地1.2万亩，脱毒种薯覆盖率达40%以上，优质鲜薯和加工专用薯生产示范基地10万亩；推广10个水果优良品种；建设20个千亩高效果业示范区；改造中低产果园10万亩；果园沃土示范50万亩；培训新型果农10万人次；新扶持发展中药材种植面积25万亩；新建设施蔬菜10万亩，建设优质特色露地蔬菜基地20万亩；建设国家及省级蔬菜标准园30个；在贫困县新培育销售收入超亿元农业产业化龙头企业25家，全省总数达到50家；在贫困地区建设省级休闲农业与乡村旅游示范点50个；利用3个全省乡村旅游培训基地对300个全省乡村旅游扶贫重点村村官进行培训；开展电商专项技能培训，贫困县培养农村电商从业人员1万名，支持建档立卡户开设网店；支持8个贫困县种植杂交构树，建设构树基地5000余亩。

各地区还积极围绕农业农村发展在国家级、省级休闲农业和乡村旅游示范区建设方面持续发力，创建了全国休闲农业与乡村旅游示范县11个（贫困县1个）、示范点16个（贫困县4个）；省级休闲农业与乡村旅游示范县27个（贫困县14个）、示范点201个（贫困县55个）；我国美丽休闲乡村10个（贫困县4个），2017年全省乡村旅游收入340亿元。据不完全统计，截止2018年初，山西共有800多个村开展乡村旅游，乡村旅游经营户达 1.4 万余户，乡村旅游从业人员 5 万多人，年户均收入 6 万余元，年人均收入 1.6 万余元。2017 年，依托乐村淘、农芯乐、山西微淘等电商企业，对吕梁红枣、杂粮，中阳核桃、绛县樱桃等贫困地区大宗农特产品进行推广促销，销售金额达 1.5 亿余元。

（二）易地扶贫搬迁

易地搬迁工程是此阶段扶贫攻坚的重头戏，涉及到 49.7 万建档立卡贫困人口，2016—2018 年，3 年累计搬迁 49 余万人，易地扶贫搬迁、移民建设安置区（点）、危房改造、规模养殖场（小区、专业村）的畜禽粪污治理及病死动物无害化处理和区域性病死动物无害化处理中心建设、省级市县三级美丽宜居示范村的创建、沉陷区治理搬迁，以及 40 个重点复垦区的土地复垦等事项推进顺利。下一步应主要聚焦移民房屋产权的界定和移民后续生产生活保障等方面。

（三）培训就业扶贫

全省完成就业培训转移劳动力 30 万人，建设 10 个贫困县职教中心，招收非全日制中等职业学历教育青壮年农民 5000 名，建设 57 个省级标准化的职教中心。大力支持农村贫困劳动力掌握实用技术，全省农村贫困劳动力取得职业资格证书或专项职业能力证书率达到 80% 以上；对在岗贫困劳动力开展技能提升培训，培训合格率达到 90% 以上；为贫困家庭“两后生”、农民工提供免费职业培训，支持残疾人职业技能提升培训，支持企业开展贫困劳动力就业培训，实现 10 万贫困农民在企业就业。

（四）生态补偿脱贫

通过一系列生态补偿工程的实施帮助贫困人口脱贫。2017 年以来，生态补偿脱贫工程实施由以前中央及山西的财政支持为主的模式，积极探索PPP合作模式，吸引社会资本参与到工程的实施当中。考虑到社会资本参与的确定性因素，该项举措虽然值得肯定，但不能摆脱政府财政兜底的责任，不能因为PPP推进缓慢而影响工程的实施。《山西永久性生态公益林保护条例》如期出台通过，将贫困人口聘为永久性生态公益林看护，保障其有稳定的经济收入。

（五）社会兜底脱贫

社会兜底工程可以直接受惠于贫困人口，各级政府高度重视。山西正在健全和完善城乡居民基本养老保险制度，适时提高基础养老金标准，全省100%农村贫困人口参保续保。2016年7月5日，山西保监局联合扶贫办印发了《关于山西保险业助推脱贫攻坚工作的实施意见》，明确保险业精准对接贫困地区农业发展、健康保障、民生改善、产业脱贫和教育脱贫5个领域，到2020年，构筑以农业保险、大病保险为核心，民生保险为补充的多层次、全险种保险扶贫保障。以吕梁临县作为保险扶贫示范县进行试点。吕梁临县采用“两减四推一倾斜模式”针对贫困户进行保险扶贫。2017年11月1日召开推广临县模式的部署会，把业已成熟的临县保险扶贫模式向全省其他9个深度贫困县及隰县推广。运城保监分局将平陆县作为保险扶贫示范县，进行保险扶贫新探索。全省参加政策性农业保险的建档立卡贫困58万户次，累计支付赔款为6700余万元，受益贫困户达14.5万户次，充分发挥了商业保险对兜底扶贫的辅助性作用。

（六）基础设施

建设改造国省干线总长约1100余公里；贫困地区水土流失治理6300余平方公里，新增高效节水灌溉面积70多万亩；贫困地区饮水安全巩固提升惠及270余万人，其中贫困人口63余万人；新建改造110

单、责任清单公布运行。

营商环境持续改善。全省着眼降低准入门槛、减轻企业负担、促进“双创”、服务民营经济发展、营造“六最”营商环境，大力精简职权事项，2016年以来取消、下放和调整省级行政职权事项754项。按照“能授尽授、能放尽放”的原则，赋予山西转型综合改革示范区管委会省级行政管理权33项。进一步加大对行政审批中介清理规范力度，大力开展“减证便民”专项行动，较好地解决了企业和群众办证难、办事难等突出问题，“放管服效”改革有力有效。深入推进“证照分离”改革试点，商事制度改革成效明显，企业数量达到52.5万户，比改革前的2013年增长87.1%。以灵石县、山西转型综改示范区、高平市为试点，推进相对集中行政许可权改革，探索推行行政审批局模式。省、市两级政务服务“两平台、一张网”建成运行；覆盖省市县乡四级政府的“13710”信息督办系统建成运行，构建起横向到边、纵向到底的抓落实体系。

法治建设稳步推进。坚持依法行政，扎实推进法治政府建设，严格执行人大及其常委会的决议决定，主动接受人大、政协监督。“七五”普法规划有效实施，普法责任制逐步建立，扎实推进青少年普法宣传教育，项目化推进重点普法任务落实，普法宣传教育责任制不断完善。公共法律服务不断加强，公共法律服务体系建设深入推进，不断加强基层司法所建设，深化社区“网格化”管理，扎实推进法治创建活动，有序开展法治创建示范点建设试点工作，深入推进基层法治创建，促进了社会治理法治化水平不断提高。

安全形势稳定好转。安全生产责任体系建设有所突破，建立起安全生产领导责任、部门监管责任、企业主体责任、“四个清单”落实、安全生产目标责任考核的“3+2”的安全生产责任体系。安全生产监管监察能力建设扎实推进，完成市、县两级安全监管机构全覆盖，安全监管执法保障实现有效提升，安全监管执法机制建设实现权责明晰。安全生产风险防控能力建设持续推进，在煤矿、非煤矿山、危险化学品、建筑施工等重点行业领域开展遏制重特大事故工作，积极构建安全风险管控和隐患排查治理双重预防机制。深化安全生产专项整治，深入开展大检查大排查大整治等专项行动。重点行业领域、新兴产业安全治理能力建设逐年提升，煤矿安全防控形势逐年好转，非煤矿山治理有序推进，危险化学品管控深化落实。

公共安全有效保障。食品药品监管不断加强。出台了《山西省政府关于贯彻落实“十三五”国家食品和药品安全规划的实施意见》等一系列重要文件。严格食用农产品源头治理，开展化肥农药零增长行动，加强农作物病虫害专业化防治与绿色防控，升级改造省级追溯平台，实现与国家追溯大平台、市县监管追溯平台的有效衔接。全面加强食品药品过程监管，开展了集中整治和专项检查。

风险防控成效显著。稳妥处置海鑫、联盛和中诚信托等重大金融风险案件，打击非法集资，开展互联网金融风险专项整治，主要金融风险和省政府债务得到有效防控，守住了不发生区域性金融风险的底线。省属国有企业资产负债率下降，完成对欠薪欠保的清理与补齐。严肃查处安全生产事故，食品、药品等公共安全得到保障。救灾物资储备库建设稳步推进，中央支持的 2 个市级库、13 个县级库建设大多主体已建成，防灾、减灾、救灾体制不断完善、能力持续提升。

二、全面改革纵深推进

山西发展的差距，实质上是改革的差距。要想走上转型之路，必须把供改和综改密切结合起来，为构建现代产业体系提供体制和政策支撑。近年来，全省坚持突出重点、以点带面，统筹推进“五位一体”领域改革，构筑起“四梁八柱”性质的改革主体框架，呈现出全面发力，多点突破、纵深推进的生动局面。

供给侧结构性改革深入推进。省委、省政府把深化供改与深化综改紧密结合起来，坚决推进供给侧结构性改革，全面落实“三去一降一补”重点任务。在去产能方面，重点抓好煤炭去产能，更好地运用市场化、法治化方式，严格执行环保、能耗、质量、安全等相关法律法规和标准，推动企业兼并重组，推进产能交易，退出煤炭产能4590万吨，淘汰炼铁产能82万吨、炼钢产能325万吨；率先实施煤炭减量化生产，为改善全国煤炭市场供求关系做出了重要贡献。在去库存方面，加大棚户区改造和城中村改造货币化安置力度，促进库存商品房改造为安置住房。鼓励库存较大的市、县为进城农业转移人口购房提供补贴，逐步推行先租后买。完善住房保障和供应体系，全省商品房待售面积、库存消化周期实现“双下降”，其中商品房待售面积消化周期控制在10个月左右。支持企业搞好产销衔接，降低工业产成品库存。在去杠杆方面，稳妥推进企业债务重组，多措并举降低国有企业负债率，2017年同比下降1.7个百分点。支持企业市场化、法治化债转股，引导金融机构帮助企业置换债务。支持企业开展资源价格评估，重点开展煤炭企业清产核资。推进资产证券化试点，加大股权融资和应收账款融资。加强企业自身债务杠杆约束，建立企业债务重组和不良资产处置协调机制。在降成本方面，落实减税降费政策，进一步清理不合理收费，努力减轻企业税费负担。利用专项建设基金、应急周转保障资金、信用增进、再担保等方式，支持企业多渠道融取低成本资金。阶段性降低企业社保费、住房公积金缴存比例，合理降低企业人工成本。深化煤炭、电力、土地等领域改革，降低企业用能用地成本。完善物流配送网络，提高物流效率，降低企业物流成本。2017 年全省规上工业企业每百元主营业务收入成本比 2012 年下降 3.31 元。在补短板方面，既补硬短板又补软短板，既补发展短板又补制度短板，着力加强人力资源、科技创新、生态环保、“岸、港、网”建设等薄弱环节。

综改示范区建设取得新突破。贯彻落实中央支持资源型地区经济转型发展的决策部署，抓住国务院 42 号文件出台这一重大政策机遇，打出转型综改“组合拳”。开辟转型综改主战场，稳步推进开发区整合改制扩区调规，成立转型综改示范区，批准新设 15 个省级开发区，推行“专业化、市场化、国际化”的管理运行机制和“领导班子任期制、全员岗位聘任制、绩效工资制”改革。打造“六最”营商环境，率先实施企业投资项目承诺制改革试点，开展加快招商引资项目落地、入企服务常态化等 9 大专项行动。制定实施区域经济转型升级考核评价办法。制定实施深化国企国资改革指导意见和系列配套文件，21 项重大举措有效实施，省属国有企业公司制改革全面完成，成功组建山西国投公司、文旅集团、交控集团、云时代、大地公司、航空产业集团。农村集体经营性建设用地入市、电力体制、金融、财税、高速公路管理体制等改革取得重大进展。

要素配置作用凸显。初级生产要素过度向资源型产业集中，高级生产要素短缺甚至被挤出，是制约资源型地区转型的普遍问题。山西高度重视要素配置在推动转型发展中的重要作用，鲜明提出要塑造和彰显山西在市场经济条件下吸引聚集各种生产要素的比较优势。科技创新方面，牢牢把握当今科技革命和产业变革趋势，深入实施创新驱动战略，着力破解创新人才少、创新成果少、创新平台少、创新企业少的突出问题，加快产业链、创新链、资金链“三链融合”，推进技术转移转化、企业创新主体建设等“十大创新行动”，实施重大科技专项、应用示范工程。着力激发科研人员积极性创造性，落实科研单位和科研人员项目经费管理自主权，2018 年全部完成省属转制科研院所改革。加大“双创”示范基地、众创空间、科技企业孵化器、小微企业创新创业基地、星创天地等培育力度，奋力打造十万创客大军。2017 年 9 月李克强总理在山西考察期间，对长治唯美诺“创意 + 工厂”模式和临汾华翔“人人创新、全员创客”经验给予充分肯定。人才发展方面，出台深化人才发展体制机制改革实施意见，配套 10 个方面 40 条财政措施，以“二流财政”打造“一流人才”政策，实施“晋商晋才回乡创业创新工程”和促进高等教育振兴崛起“1331”工程。注重发挥企业家作用，召开全省企业家大会，出台营造企业家健康成长环境、弘扬优秀企业家精神的 38 条措施，努力培育在国内外有重要影响力的三晋企业家队伍。财税金融方面，争取中央预算内投资对山西多个方面比照西部地区补助标准执行，有力推动了山西农村旅游公路建设等重要工作。争取国家新增债券分配向山西倾斜，2018 年山西实际可发行债券增长 36%，比全国地方平均增速高 16%。鲜明提出“山西兴，金融要先兴；山西转，金融要先转；山西稳，金融要先稳”，积极开展市场化债转股，着力引导支持各类资本参与国企混改和转型项目建设，坚决防范化解金融风险。土地改革方面，改革完善土地管理制度，实施工业用地市场化配置改革，优化开发区土地利用政策，积极开展工矿废弃地复垦利用试点和中低产田改造，加快推进采煤沉陷区土地复垦利用，将集中连片特困地区、国家和省级贫困县城乡建设用地增减挂钩结余指标在全省范围内流转使用。

重点领域改革纵深推进。国企国资改革不断深化。针对国有企业现代企业制度不健全、企业办社会负担过重、企业运行机制不活、国有资产监管体制不适应、国有资本运行效率低等突出问题，强化顶层设计，形成“1+N”政策体系。国资布局调整优化进展明显，稳妥推进混合所有制改革，省属企业子公司70%实现混合所有制改革。加快转变国有资产监管职能，在省级层面成立了全国规模最大的国有资本投资运营公司，实现从“管资产”向“管资本”转变。

在一系列强有力的举措推进下，全省经济社会等各项事业发展正在呈现出一系列新的明显变化。突出表现在：经济运行发生了新的明显变化，速度效益结构动能同步向好正成为经济发展的基本特征；产业结构发生了新的明显变化，中高端多元化产业体系正成为山西转型的重要支撑；发展动能发生了新的明显变化，改革开放正成为推动资源型经济转型的关键一招；民生事业发生了新的明显变化，转型发展正成为提升群众获得感幸福感安全感的重要抓手；发展氛围发生了新的明显变化，全省上下谋转型抓转型的氛围日益浓厚。

第九节　转型项目取得实效

近年来，全省上下紧紧抓住项目建设这个抓手和载体，聚精会神抓项目，科学统筹抓项目，务实高效抓项目，以扎扎实实的项目建设成效稳定经济增长、夯实转型基础、增强发展后劲。

一、固定资产投资稳定增长

2017 年，全省固定资产投资（不含农户、不含跨省）5722. 2 亿元，增长 6. 3%（新口径，下同）。分产业看，第一产业投资 509. 1 亿元，增长 0. 8%；第二产业投资 2104. 6 亿元，增长 3. 3%；第三产业投资 3108. 5 亿元，增长 9. 9%。工业投资增长 3. 1%。其中，采矿业投资下降 1. 2%，降幅收窄 2. 9 个百分点；制造业投资增长 5. 6%，增幅上升 0. 1 个百分点；电力、热力、燃气及水生产和供应业投资下降 0. 6%，降幅收窄 1. 7 个百分点。基础设施投资（不含电力）1095. 2 亿元，增长 7. 2%。民间投资 3408. 9 亿元，增长 7. 8%。房地产开发投资 1166. 3 亿元，下降 27%。

2018 年，全省固定资产投资（不含跨省、农户）增长 5. 7%。在固定资产投资中，国有及国有控股投资增长 22. 3%，民间投资下降

3.9%。分登记注册类型看，内资企业投资增长5.8%；外商及港澳台商企业投资增长2.2%。分构成看，建筑安装工程投资增长1.7%，设备工器具购置投资增长13.4%，其他投资增长20.4%。分产业看，第一产业投资下降54.4%；第二产业投资增长8.2%，其中工业投资增长7.7%；第三产业投资增长14.0%，其中基础设施投资增长16.8%。工业投资中，企业技改投资增长20.9%；制造业投资增长14.5%；煤炭工业投资增长6.3%，非煤产业投资增长7.9%。全年全省在建固定资产投资项目（不含房地产开发项目）9561个。其中，亿元以上项目2732个，亿元以上项目完成投资增长20.2%。

二、项目建设积极推进

项目是经济社会发展的载体，也是转型发展的有效抓手。山西省委审时度势，科学研判，将2018年确定为转型项目建设年，省委、省政府专门印发了转型项目建设年行动方案。转型项目建设年共提出七项工作目标，八个方面工作任务，四个专题活动，七条保障措施，涵盖项目谋划、招商、建设、投产各个环节，涉及与项目相关的平台、环境、制度、政策等各个领域。项目储备方面，建立了储备、招商、建设三个项目库，相互衔接；项目建设方面，组织了四个专题活动，解决突出问题；项目要素方面，创新资金、土地、环境容量等关键保障政策；发展环境方面，全面推进企业投资项目承诺制。这些措施都是围绕解决制约项目推进的堵点、痛点和难点问题，统筹考虑进行安排，符合山西省项目工作实际。应当讲，转型项目建设年对项目工作作出了全面、系统、深入的安排，是推动转型项目建设的一套“组合拳”。为促进转型年工作取得实效，省政府专门印发了固定资产投资项目建设常态化工作机制，提出并联审批、职能部门责任、项目化管理、协调调度、省市县三级联动、监督考核等六项工作机制，并做了详细规定，可操作性很强。这六项工作机制的建立，既是转型项目建设的常态化工作机制，也是推动项目顺利建设的保障机制。其中，并联审批机制重点要实现投资项目网上申报、一窗交办、同步办理、限时办结，进一步提高审批效率，缩短审批时间。职能部门责任机制主要通过省直部门对审批事项、流程、制度等的优化，解决项目审批工作中存在的事项多、程序繁、标准不清、耗时长等问题。项目化管理机制重点解决大项目少、跟进主体不明确、项目推进不快等问题。每个省直部门都要确定本行业（推进的）重大项目，由班子成员挂牌推进，一抓到底。协调调度机制主要是加强投资运行和项目建设的日常调度管理。省政府双月调度，省直部门和各市每月基础调度，分析投资运行态势、及时解决重大项目难题。省市县三级联动机制要求市县要结合实际建立相应的工作机制，实现省市县三级联动、协同发力。监督考核机制目的是发挥考核指挥棒作用，通过科学严格的督查考核，进一步激发动力，考出导向、考出干劲、考出实绩。

三、项目投资完成良好

截至 2018 年底，山西省确定重点工程建设项目 1217 项，省市两级重点工程项目完成投资 2734. 3 亿元，其中建设项目完成投资 2686 亿元，前期项目完成投资 38. 3 亿元。产业转型项目 197 项，完成投资 455 亿元；传统产业升级项目 13 项，完成投资 76. 1 亿元；基础设施项目 73 项，完成投资 367. 3 亿元。市级重点工程项目完成总投资 1835. 9 亿元。其中，产业转型重点项目完成投资 859. 6 亿元；传统产业升级项目完成投资 238. 3 亿元；基础设施项目完成投资 702 亿元。建设项目中跨市域项目 26 项，完成投资 178. 9 亿元。11 个地市中省重点工程投资完成情况见下表。

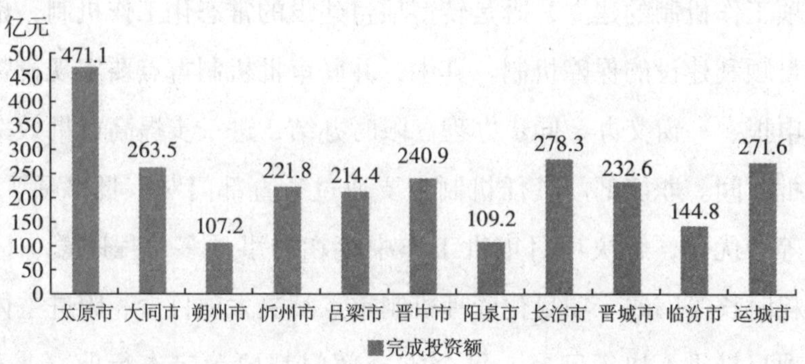

图 3-2　2018 年各地市省重点工程投资完成情况

2019 年初，山西省政府办公厅发布《山西省深化转型项目建设年行动方案》，全面加强转型项目建设，对于制约项目开工的具体问题，实行台账管理，专人负责、倒排工期、解决销号，第一第二季度集中开展，全年常态推进，确保 6 月底前续建项目全部复工，新建项目开工 70% 以上。省级主管部门对谋划的重大项目，将会同规划、土地、环保等审批职能部门，积极推动项目落地。对全省储备项目实行分类管理，具备开工条件的及时转入全省项目建设库。此外，按照“谁签约，谁负责，谁协调”原则，建立重大招商项目跟踪协调推进机制，一对一跟踪服务，研究解决重大问题，加快签约项目落地。

第四章
中部六省对比分析

2019年，是西部大开发20年，也是中部崛起战略规划出台10周年。中部地区，包括山西、河南、湖北、湖南、安徽、江西六省，承东启西、接南连北，是我国内陆最核心的地区。

第一节　实现中部六省高质量发展的必要性

2019 年 5 月 21 日，习近平总书记在江西南昌主持召开推动中部地区崛起工作座谈会并发表重要讲话。习近平总书记对做好中部崛起工作作出了重大部署，提出 8 个方面的重要意见，对中部地区实现高质量发展具有里程碑意义。

一、高质量发展是区域统筹发展的必然要求

高质量发展要求区域之间合理分工，优势互补，梯度适宜，统筹发展。但是目前我国东中西差距较大，发展极不协调。东部地区经过 20 多年的大开发，成功地构建了珠三角、长三角和渤海经济圈三大增长极，经济一日千里，日新月异。西部在大开发的带动下，奋起直追，后来居上。中部地区在东部大发展和西部大开发的“夹击”下，正塌陷下去。近两年来，区域经济发展排序已经发生了重大的变化，东部地区最高，西部地区位居其次，中部地区速度最低。中部塌陷导致整个全国经济被撕裂成三块，东中西的自然经济梯度被人为中断，进一步强化了东部地区的极化效应，区域“马太效应”隐然成形，东中西“供给－需求循环链”难以为继，影响了国民经济的可持续发

展。东中西之间巨大发展差距与区域统筹的理念相距甚远，必须通过实施中部崛起战略，恢复东中西自然经济梯度，维持东中西地区的正常经济循环。

二、高质量发展是工农统筹发展的必然要求

高质量要求工业和农业互为市场、互相促进，协调增长、统筹发展。按照西蒙·库兹涅茨的观点，农业要为工业提供产品贡献、市场贡献、因素贡献和外汇贡献。工业要为农业提供广阔的市场需求。只有工农、城乡需求互相满足，国民经济才能够健康的运行。但是我国农业，特别是中部地区的农业发展严重滞后，工农业极不协调。以中部为主体的工农关系的严重失调，割裂了工业和农业、城市和农村的内部联系，农业成了制约工业和国民经济持续发展的重大瓶颈。中部农业发展滞后及工农关系失调与高质量发展的要求大相径庭，与城乡统筹发展期望尤为相左，必须根据城乡统筹原则进行矫正，从中部着手调整工农关系。只要中部“三农”问题解决了，全国的“三农”问题和工农协调问题就会迎刃而解。

三、高质量发展是经济社会统筹发展的必然要求

传统发展战略片面强调经济增长，热衷于蛋糕做大，忽视了社会指标的改善和生存质量的提高，累积了不少社会问题，发展相对滞后的中部地区尤为严重。中部塌陷拖累了东部地区经济的更快增长，制约了国民经济的可持续发展。区域统筹当务之急就是正视中部塌陷问题，实施中部崛起战略，构建中部增长极。其次实施中部崛起是尊重经济规律的体现，是对中部塌陷问题深刻反思的理性行为。按照区域经济学的梯度推移理论，经济发展层次应该是梯次推进，有序崛起，

维持经济板块的自然梯度。东部极点和轴线的形成，就应该着手培育中部极点和中部发展轴线。实施中部崛起战略正是对严峻现实问题的科学决策和理性运筹，是针对中部经济、社会问题和矛盾的一剂良药。

第二节　中部六省基本情况

中部地区是全国重要的能源基地和制造业聚集区，承东启西，融南贯北，战略位置极其重要，在中国整体区域发展格局中有重要的支撑作用。

一、人口与城镇化水平

从人口来看，中部的河南、安徽、湖南、湖北是人口大省。但近10年间，六个省份人口增量最多的湖南，也不过才500万出头，而人口大省河南，仅仅增长了176万人。一个因素是，这几个省份还是全国劳动力输出大省，尤其是农民工输出上。2018年，中部地区输出农民工9538万人，占农民工总量的33.1%。而这其中，出省务工的农民工，就达到6418万人，占中部农民工总数近7成。

表4－1　2008—2018中部六省新增人口数量

单位：万人

	山西	湖南	江西	湖北	安徽	河南
数量	307.7	518.8	247.5	206	188.6	176

数据来源：六省相关年份统计年鉴

表4－2　2018年中部六省人口及城镇化率

单位：万人

	山西	河南	湖南	安徽	湖北	江西
人口	3718.34	9605	6898.8	6323.6	5917	4647.6
城镇化率	58.41%	51.71%	56.02%	54.69%	60.30%	56%

数据来源：六省相关年份统计年鉴

从城镇化率来看，湖北的城镇化率最高，达到了60%，已经超过了全国平均水平。而城镇化率最低的是河南，人口大省的困难之处就在于，盘子太大，流动速度自然会有些慢。

表4－3　中部六省GDP增速对比

省份	2008年GDP（亿元）	2018年GDP（亿元）	10年增速	年均增速
山西	7315.4	16818.11	129.90%	8.60%
安徽	8851.7	30006.8	238.99%	12.90%
江西	6971.1	21984.8	215.30%	12.10%
湖南	11555	36425.78	215.20%	12.10%
河南	18018.5	48055.86	166.70%	10.30%
湖北	11328.9	39366.55	247.40%	13.20%

数据来源：六省相关年份统计年鉴

二、经济规模的变化

2008年，中部六省GDP总和6.4万亿元，占全国GDP总和的21.2%。到了2018年，中部六省GDP总和超19万亿元，占全国GDP的21.3%。也就是说在这10年间，中部地区的经济增速几乎与全国同步，占比仅提升了0.1%。从GDP总量来看，河南一直稳居中部第一位，2018年接近5万亿元。其次是湖北、湖南、安徽，而江西和山西两个省份，一直处于末尾跟随状态。从GDP增速来看，10年间增速最快的是湖北，达到了247.4%，安徽、江西、湖南增速也都超过了

200%，而山西无疑是最落寞的省份，10 年增速仅 129.9%，年均增速只有 8.6%，是资源型省份衰落最典型的例证。

表 4－4　2018 年中部六省经济数据对比

经济指标/省份	山西	河南	湖北	湖南	安徽	江西
GDP（亿元）	16818.11	48055.86	39366.55	36425.78	30006.8	21984.8
GDP 增速	6.7%	7.6%	7.80%	7.80%	8.02%	8.70%
工业增加值增速	4.10%	7.20%	7.10%	7.40%	9.30%	8.70%
财政收入（亿元）	2292.6	5875.82	3307.03	4842.98	5363.3	3795
财政收入增速	22.80%	11.90%	8.50%	6.05%	10.40%	10.10%
固定投资（亿元）	6048.3	47445.4	35378.5	34460.9	32629.9	24186.9
固定投资增速	5.70%	8.10%	11%	10%	11.80%	11.10%
房地产投资额（亿元）	1376.6	7015.47	4693.12	3946	5974.1	2175
房地产投资增速	18%	－1.10%	2.60%	15.20%	6.40%	8%
社会消费品零售额（亿元）	7338.5	20594.74	18333.6	15638.3	12100.1	7566.4
社消增速	8.20%	10.30%	10.90%	10%	11.60%	11%
资金总量（亿元）	35340	63867.63	55371.19	48994.6	50667.3	35070
资金总量增速	7.60%	8.10%	7.10%	4.80%	11.10%	8.50%
居民可支配收入（元）	21990	21963.54	25815	25241	23984	24080
居民收入增速	7.60%	8.90%	8.60%	9.30%	9.70%	9.30%
上市公司数量	38	120	104	105	103	42

数据来源：六省相关年份统计年鉴

2018 年，中部地区的表现亮眼，全国 GDP 增速前十名中，中部有 4 个省进入。其中，安徽、江西增速超过 8%，湖南、河南、湖北增速也都在 7.6% ~7.8% 的水平，只有山西的增速低于 7%。

工业增速方面，中部地区都位于全国中上游，其中安徽增长 9.3%，位列全国第五。

在财政收入、固定投资、房地产开发投资、社会消费品零售额、资金总量、上市公司总数等几个指标中，河南都位居第一，经济总量的优势，使得其保持中部“领头羊”的位置。

六省在各个指标的排名如下：

GDP：河南 > 湖北 > 湖南 > 安徽 > 江西 > 山西

财政收入：河南 > 安徽 > 湖南 > 江西 > 湖北 > 山西

固定投资：河南 > 湖北 > 湖南 > 安徽 > 江西 > 山西

房地产开发投资：河南 > 安徽 > 湖北 > 湖南 > 江西 > 山西

社会消费品零售额：河南 > 湖北 > 湖南 > 安徽 > 江西 > 山西

资金总量：河南 > 湖北 > 安徽 > 湖南 > 山西 > 江西

上市公司总数（境内外上市公司总数）：河南 > 湖南 > 湖北 > 安徽 > 江西 > 山西

其中，安徽、湖南、湖北三个省份在多个数据上，难分伯仲，基本处于同一水平线上。而江西和山西，则都是处于末尾，山西仅仅在资金总量上超过了江西，其他表现黯淡。尤其是在固定资产投资上，山西仅6000多亿元，而其余五省则都超过了2万亿元，差距非常大。而在过去，山西的投资率最高达到72%，如今遭遇断崖式下滑。在全国都在追寻产业转型升级的道路上，显然，山西需要付出更多努力。

第三节 六省区发展比较

在目前错综复杂的国际形势下，中国经济要抵御外部不确定性风险，需通过扩大内需稳增长、稳预期，而中部地区人口众多、市场潜力大、经济增长后劲足，中部崛起对国家整体发展尤为关键。

一、经济增速与全国持平

虽然中部地区近年来经济快速发展，但如果将时间拉到更长的维度，其总体的经济增速只能说与全国增速持平甚至略低。从 2010 年到 2018 年的 8 年间，中部六省 GDP 之和增长了 125%，略低于同期全国增幅 126%。

表 4－5 中部六省 2010—2018 年经济成长情况及与全国比较

省份	2010 年 GDP（亿元）	2018 年 GDP（亿元）	8 年增幅（%）
山西	9088	16818. 1	85. 06
河南	22943	48055. 86	109. 46
湖北	15806	39366. 55	149. 06
湖南	15902	36425. 8	129. 06
安徽	12263	30006. 82	144. 69
江西	9435	21985	133. 02

续表

省份	2010 年 GDP（亿元）	2018 年 GDP（亿元）	8 年增幅（%）
六省合计	85437	192658.13	125
全国	397983	900309	126

数据来源：六省相关年份统计年鉴

二、内部南北分化明显

从六省份发展看，分化较为明显。其中，湖北和安徽两省 8 年经济总量增幅均超过 140%，分别为 149% 和 144.69%，江西达到了 133%，湖南达到了 129%。这四个省份的增速均超过了全国平均水平。

六省区中位于中部沿江四省的能源重化产业较少、占比低，近年来受能源经济下行的影响小。另外，沿江四省紧邻长三角和珠三角，近年来大量承接这两个区域的产业转移落地，加上水资源、劳动力等方面的优势，经济也随之快速发展。

相比之下，山西 8 年经济总量增幅只有 85%，比全国水平低了 41 个百分点，河南的增幅为 109.46%，也比全国平均水平低了 15.5 个百分点。从区域分布上来说，与近年来我国经济发展呈现出明显的南北分化相似，在中部地区，南北分化也十分明显，沿江四省比北方地区的河南、山西要快得多。

面对新的战略机遇，面对新的外部考验，最重要的还是做好我们自己的事情。做好中部地区经济发展工作，对实现全面建成小康社会奋斗目标、开启我国社会主义现代化建设新征程具有十分重要的意义。

第四节 山西与其他省份的比较

山西既是全国重要的能源基地和老工业基地，又是中部的重要省份，在全方位开放的今天，山西如何正确认识自己在全国的地位和角色，在发展山西中服务全国，在服务全国中振兴山西，不断提高山西人民的生活质量和水平是今后山西发展中的一个重大问题。

一、经济发展比较

山西近年来的发展确实受到生态条件的制约。产业结构方面，山西以能源重化产业为主，2013 年以来，宏观经济增速放缓，能源、原材料价格随之下行，经济发展也受到影响。

与中部省份相比，2017 年山西经济增速达到 7% 的增长，比 2016 年提高 2. 5 个百分点，而其他 5 个省份的增速降低或不变。

从经济格局来看，2017 年经济总量达到 14973. 5 亿元，较上年增加 1923. 1 亿元，GDP 总量和 GDP 增速都低于其他五省，但差距在逐步缩小。2017 年山西规模以上工业增加值增速达到 7%，规模以上工业企业实现主营业务收入 15890. 5 亿元，同比增长 27. 8%，固定资产投资增速为 6. 3%，规模以上工业增加值与其他五省差距较小，固定资产投资增速与其他五省差距较大。第三产业比重达到53.5%，在中部六省中排名第一。直接利用外资总额16.9亿美元，仅为全国平均水平的1.3%，不足河南的1/10，在中部六省排名最后。

2016年以来山西工业经济平稳增长，全省规模以上工业增加值累计增速自2016年10月由负转正，结束长达21个月的下降态势后，2017年实现7%的增速，较2016年加快5.9个百分点，经济增长步入合理区间。虽然在中部六省中各项指标排名靠后，但规模以上工业增加值增速、第三产业比重仍高于全国平均水平。山西的三次产业结构进一步优化，服务业成为三次产业中增长最快的产业。山西服务业对GDP增长的贡献率为60.2%，高于第二产业23个百分点，继续保持经济增长的主动力作用。

二、民生领域比较

山西省与中部其他五省相比，民生事业发展的差距也较为明显。2017年山西城镇新增就业人口51.8万人，与差距最小的江西省低7个百分点，仅为河南省的1/3强。

城镇居民人均可支配收入增长率仅为6.5%，低于全国（8.3%）1.8个百分点，与其他五省差距在2个百分点以上。农村居民人均可支配收入增长率为7%，低于全国（8.6）1.6个百分点，其他五省最低为湖南8.4%，江西省高达9.1%。

表 4-6　中部六省主要经济指标

地区	2017 年 GDP（亿元）	2017 年 GDP 增速（%）	固定资产投资增速（%）	规模以上工业增加值（%）	三产比重（%）	城镇新增就业人口（万人）	城镇居民人均可支配收入增长率（%）	农村居民人均可支配收入增长率（%）
山西省	14973.5	7	6.3	7	53.5	51.8	6.5	7.0
河南省	44988.16	7.8	10.4	8	42.7	144.21	8.5	8.7
湖北省	36522.95	7.8	11	7.4	45.2	91.86	8.5	8.5
湖南省	34590.56	8	13.1	7.3	48.4	75.1	8.5	8.4
安徽省	27518.7	8.5	11	9	41.5	68.2	8.5	8.9
江西省	20818.5	8.9	12.3	9.1	42.7	55.8	8.8	9.1

数据来源：六省统计年鉴

第五章

发展困境分析

在充分肯定经济社会发展成就的同时，要清醒认识到经济社会发展仍面临不少困难和挑战，来自经济社会稳定发展的外部压力以及内部发展动力不足问题，发展不平衡不充分问题表现比较突出，实现基本形成产业体系，基本完成资源型经济转型任务的基础还不牢固。

第一节　外部压力分析

近年来，中国经济稳中求进、稳中有忧，经济下行的压力有所上升，尤其是资源型城市在经济转型、环境保护发展等方面仍面临着较大压力，使得稳增长、防风险的难度加大。

一、经济转型面临较大压力

新常态下，我国经济正经历着经济下行的压力，同时也面临着转型升级发展的新机遇，转型升级是形成经济新常态的核心与本质。未来经济发展前景，关键还取决于当前转型升级能否取得成功。就山西而言，山西省产业转型、结构调整谈论多年，煤炭、矿产等产业难有明显好转，资源大省转型难度大，而且很多省经济转型依旧停留在概念上，对于新增长点的选择并没有很清晰的思路。从长远来看，随着我国经济的进一步转型，粗放式、对环境造成巨大破坏的开发模式终将被放弃，虽然煤炭的使用将保持在一定规模，但总需求将持续快速下降，对于“一煤独大”的山西来说，如何破解危局将是一场硬仗。

二、环境保护压力依然很大

改革开放以来，我国经济社会高速发展，也加快了城市化进程，由此带来的环境问题也是不可避免的，但由于自然资源的过度消耗，导致生态环境破坏日趋严重，尤其是资源型城市，由于资源的长时间、高强度开采挖掘，使得资源型城市面临着严重的结构性生态破坏和环境污染等问题，而且在短时间内难以改变，长期以来粗犷式的发展，给生态环境带来巨大的压力，生态环境基础十分脆弱，面临着经济发展和生态环境保护的双重压力。

以资源型城市为代表的山西省来说，山西生态资源环境约束日益增强，煤炭资源开发及相关资源型产业的发展给原本脆弱的生态环境带来了负面影响。大规模的煤炭开发，造成矿区土地沉陷，加之矿区、尾矿占地，对土地资源造成了很大破坏，全省因采煤造成的采空区面积近5000平方公里（约占全省国土面积的3%）。煤炭开采对水资源的破坏也十分严重，山西省每采一吨煤，破坏伴生的水资源2.48吨。因煤炭开发所造成的森林损失面积总共达到了6137平方公里，受影响森林面积达到了43363平方公里。环境质量约束性指标距离2020年的目标存在较大差距，主要是森林发展和空气质量两个方面。城市空气质量优良天数2015年开始连续三年下降，距离2020年的目标渐行渐远。因此，山西省仍面临着经济发展和生态环境保护的双重压力。

目前，我国已经制定出了很多环节保护政策，并合理的利用自然资源，虽然生态环境保护工作取得了积极成效，生态环境质量进一步改善，但是生态环境形势依然严峻、压力依然巨大、发展与保护的矛盾依然突出，主要面临的问题是缺少完善的环保法律体系、公众缺少环保意识、环境保护政策的资金投入不足等。

三、地缘经济发展面临困境

在中国经济步入新常态的大背景下，我国逐渐迈向质量型经济发展轨道，经济高质量稳步发展的关键是区域之间的协调发展，为确保我国经济高质量稳步发展，区域协同发展和地缘经济日益凸显，省际间及省内的融合创新成为大势所趋。山西作为内陆省份，不沿海、不沿边，开放时序与沿海地区存在落差，开放水平和程度都落后于沿海发达地区，地缘经济发展较慢。对外开放主动性较差，封闭的地理环境和农耕传统，滋生了因循守旧、小进即满等保守思想和小农意识，思想的封闭保守性导致自主创新和开拓发展的内生动力不足。此外，对外开放的基础环境吸纳性较差，基础设施建设欠帐较多，生态环境恶化，开放政策力度不大等问题都导致山西难以吸引优质战略资源，外部企业、资金、技术、人才进入渠道不畅，省内资金、人才外流的双向缺失。山西对外开放“走出去”受多重因素制约，企业缺乏资金、金融的支持，在面临国际化竞争中，缺乏相应的体制机制作后盾。近些年，山西坚持以开放促改革促发展，努力构建开放型经济新体制，开放型经济不断取得新进展，但是许多产业仍处于国际分工和全球产业链的中低端，国际竞争缺乏核心优势。

四、面临资源诅咒的挑战

资源诅咒是一个经济学的理论，指丰富的自然资源可能是经济发展的诅咒而不是祝福，由于对某种相对丰富的资源的过分依赖，导致大多数自然资源丰富的国家比那些资源稀缺的国家增长的更慢的经济现象。

就山西而言，煤炭产业多年来一直是山西的主导产业，在全省经济产出中占有举足轻重的地位。1979 年，山西省向中央呈报了一个名为

《关于把山西建成全国煤炭能源基地的报告》，1980 年，国家发文支持山西做强能源基地，从此，山西省一直把自己定位为国家主要能源基地，大力发展煤炭产业。

而煤炭行业的特许经营和暴利特征对其他行业产生了挤出效应，造成了营商环境的急剧恶化，在一定程度上煤炭绑架山西经济。近年来山西省谋转型，“一煤独大”的资源诅咒逐渐显现。采矿业是山西省承载就业人口最多的行业，占到城镇单位从业人员约 22%，山西省煤炭企业也承载了太多的社会责任。当煤炭行业面临产能严重过剩、行业全面亏损发热情况出现时，企业办社会职能的费用支出进一步加重了企业负担，严重束缚了企业发展。

山西省在一定程度上陷入“资源陷阱”，在政府维持社会稳定的压力下，煤炭产业快速退出的难度很大，经济增长受煤炭价格波动的影响极大，抗压能力极其有限。

第二节　发展问题分析

我国宏观经济存在下行压力，资源型地区面临着结构转型升级艰难的问题，尤其是以煤炭产业为主的资源型地区，极易受到宏观经济波动的影响以及自身结构调整双插影响，由此会对地方经济带来较大影响。

一、经济持续健康稳定发展的动力不足

近年来，中国的高速发展为世界作出了重要贡献，经济结构持续优化，就业物价形势总体稳定，我国经济依然继续运行在合理区间，延续总体平稳、稳中向好发展态势。在新的经济和社会条件下，中国社会发展的动力从主要依靠经济发展到既依靠经济发展，也依靠社会政策，发挥“两条腿走路”的优势，中国的社会发展可以获得新的动力。与此同时，需要注意的是，由于国际环境日趋复杂严峻，外部不确定不稳定因素持续增加，我国经济面临新的风险挑战，经济下行压力有所增大。观察当前经济形势，既要看到面临新的风险挑战，更要看到中国经济稳中向好、长期向好的基础条件和大势没有根本改变。

对于资源型经济转型期的山西来说，2016－2018 年，全省地区生产总值同比分别增长 4.5%、7.0%、6.7%，总体来看，经济总体保持

平稳增长态势。一般公共预算收入分别增长 -5.2%、19.9%和22.8%，由负转正，呈现良好发展态势。但深入分析，这种增长具有不稳定性和持续性差的特点。一方面是年度地区生产总值增速依然波动较大，基础仍不稳固，底部仍需夯实；另一方面是增长的动力不足，特别是工业和民营经济的投资动力、科技引领和支撑作用发挥不足，内生动力仍需强化。

（一）工业发展动力不足，增长后劲不强

工业是国民经济的主导，是国民经济中十分重要的物质生产部门。没有工业的存在与发展，没有工业为其他部门提供的机器设备，就不会有国民经济其他部门的进一步发展；工业的现代化程度及其发展规模，最终决定着整个国民经济的面貌。

工业增长主要依赖传统产业。山西省多年来发展了煤炭、冶金、电力、焦炭、化工和建材等以资源为核心的资源型产业，其中煤炭、冶金、电力、焦炭成为四大核心传统主导产业，这种工业结构，一方面造成工业受市场波动影响较大，另一方面这些行业按照高质量发展要求，产业升级任务繁重，供给产能释放将受到一定影响。这种主要依赖传统产业的工业增长，未来仍存在较大的不确定性。

工业投资不足影响工业发展后劲。近年来，资源、环境、土地、政策等因素对项目建设影响逐步加大，企业投资方向不稳、意愿不足，影响工业固定资产投资。2016 年全省工业固定资产投资下降 6.1%，2017 年有所好转，增长 3.1%，增速扭负为正；2018 年持续好转，增长 7.7%，但 2019 年又出现负增长，且降幅明显扩大，1~4 月，全省工业投资下降 7.8%。工业投资持续下降，工业经济持续增长的动力不足。

新兴产业接替能力有限。近年来，山西省工业结构调整取得明显成效，新兴产业保持快速增长态势，但总体看，新兴产业规模偏小，占比较低。2017 年，装备制造、食品、医药产业占全省工业比重分别为8.9%、3.8%、1.3%；战略性新兴产业占工业比重为9%。由于山西省结构刚性特征，未来几年煤焦冶电等传统产业仍然是支撑工业经济增长的主导力量；新兴产业由于比重较低，特别是生产汽车、电子通信等终端消费需求产品的新兴产业发展不足，差距特别明显，难以弥补由于传统产业增长乏力对工业经济带来的不利影响。

（二）民营企业发展不足，融资仍然困难

民营企业是拉动国民经济增长的重要力量，是国民经济的重要组成部分，是国民经济发展的一支生力军。尽管国有和国有控股的大型企业是国家安全的保障，是国民经济和行业发展的支柱，代表着国家的技术和经济实力，但民营企业，包括广大中小企业仍是创造市场活力、拉动经济增长的基本力量，在壮大国民经济、改善经济结构、保持国民经济持续快速稳定增长中具有不可替代的地位和作用。

综合来看，山西省民营经济总量占比远远落后全国平均水平。从投资看，增速波动较大，融资难问题依然严峻。为扶持民营企业发展，出台了《山西省人民政府办公厅印发关于进一步支持小型微型企业健康发展措施的通知》《山西省人民政府办公厅关于加快山西省多层次资本市场发展的实施意见》等政策措施，为全省中小微企业提供融资、股份制改造等服务。但融资难等问题仍然存在。

一是金融贷款难。中小企业由于规模小、不动产比例低、企业生命期短、市场风险抵抗力弱等特点直接制约其融资，各级金融机构对中小微企业的信贷支持十分有限，尤其是在当前“去杠杆”大背景下，国有商业银行为防范金融风险，收紧贷款额度，而股份制商业银行、城市信用社和农村信用社等中小金融机构的贷款能力有限。这种情况下，大部分中小企业要么拖欠还贷来周转资金，要么转向“地下钱庄”“高利贷”来补充企业的流动资金。中小企业普遍面临融资形式单一、渠道狭窄、融资成本高的问题。据调研，山西七成以上的中小企业有融资需求，其中六成以上的企业融资需求得不到满足，其中占88%的中小企业融贷款份额不足20%。

二是政府专项资金获得难。山西的政府专项资金种类较多，但优先考虑的是国有大中型企业，中小企业得到的份额很少，且报批的程序和环节复杂，缺乏有效监督。

三是直接融资不易。企业上市门槛较高，虽然开设了旨在为创新型、成长型企业提供服务的创业版和中小企业版，但能够享受到融资机会的只是极小部分企业。目前，山西省中小企业在创业板上市的有2家企业，分别是振东制药、仟源医药。在中小企业板上市的有3家企业，分别是同德化工、山西证券、跨境通，广大的小微企业的融资需求仍得不到满足。部分制造业企业货款回笼缓慢，资金周转困难。

（三）科技内生动力不足，支撑能力不强

科学技术是社会发展的重要动力，在经济发展中的作用日益突出，科技与经济的互动、融合是经济发展的关键。随着经济规模的扩张和经济增长的累积，以粗放经营为主的增长方式带来的高投入、高消耗、低产出、低效益的矛盾愈显突出。就客观上要求增长方式由原来的外延式增长，转向主要通过具有高效率资源配置、提高经济效益而实现内涵式的增长，而这种转变主要取决于科技的创新和应用，技术创新可以通过提高在经济增长率中的贡献份额来实现经济增长的集约化。因此，科技进步不仅是经济增长的引擎，还是经济增长方式的助推器。

研发经费即通常所说的 R&D 经费，是国际通用的，反映国家和地区科技创新能力的一个重要指标，该指标由于测算方法明确、反应内容客观真实被纳入到国家科技发展规划及各省国民经济和科技发展规划中。从表 5－1 可以看出，从 2013 年山西省研发经费投入强度见顶以后，近 5 年呈持续下降态势，从 1.23% 逐步下降为 2017 年的 0.95%。与全国比较，研发投入排名由第 19 位跌落到全国第 20 位，研发投入强度跌落到 22 位。在中部六省中，2017 年山西省研发投入经费与强度均居最末的第 6 位。同时，科技成果转化不够，市场化、专业化、产业化的科技服务业发展不足，技术、人才、资本等要素市场结合度低、联动性差，科技与经济、科技与产业的结合还不够紧密，聚焦产业和实体经济不够，支撑转型的能力依然不足。

山西省研发投入规模小、增长慢的主要原因是有研发活动的企业，特别是规模以上工业企业较少。必须进一步加大对科技创新的引导和支持力度。通过鼓励政府与企业、高校、科研院所共同建立联合研究基金，实施研发费用税前加计扣除等优惠政策，直接给予资金奖励等方式，引导企业加大研发投入。加大对承担国家科技重大专项、重点研发计划项目和获得国家自然科学、技术发明、科学技术进步一等奖、二等奖项目等单位的奖励力度。推进创新平台建设和大型科学仪器设备资源共享共用，改革科技成果转化收益分配机制，推动科技成果转化产业化。支持“大众创业、万众创新”，推进高新技术企业、高新技术产业开发区建设。

表 5－1　山西省 2010—2017 年 R&D 经费情况

指标 年份	R&D 投入（亿元）	R&D 投入全国排名	R&D/GDP（%）	全国 R&D/GDP 平均值（%）	R&D/GDP 全国排名情况
2010	89.88	19	0.98	1.76	18
2011	113.4	19	1.01	1.84	18
2012	132.3	19	1.09	1.98	16
2013	155	19	1.23	2.08	16
2014	152.2	20	1.19	2.05	16
2015	132.5	22	1.04	2.07	20
2016	132.6	23	1.03	2.11	20
2017	148.2	20	0.95	2.13	22

数据来源：山西省科技经费投入统计公报、全国科技经费投入统计公报

二、资源型经济特征和市域产业同构化明显

资源型经济系统是一个产业结构单一、畸形的脆弱的复杂适应系统，从广义上讲，资源型经济是依托自然资源的开发而兴建、存在或发展，并以对自然资源的开发或初加工产业为主导产业或支柱产业的经济，其中自然资源包括森林、矿产（煤、铁、铜等）、能源资源（石油、天然气等）；从狭义上讲，资源型经济是以煤、石油、天然气等能源资源，以及铁、铜等矿产资源开发为主导的经济体系。

（一）资源型经济特征依旧明显

由于资源型经济的发展主要依赖于自然资源，当自然资源逐渐枯竭或自然资源的经济驱动力减弱导致经济发展乏力、产业结构不合理、居民收入增长缓慢等问题时，资源型经济实现优化升级成为必然。总体来看，产业结构优化升级效果并不明显，传统产业依然占比较大。特别是市域层面产业同构化明显，除太原、运城以外，其余八市的主导产业依然是煤电焦化等传统产业，高新技术产业、战略性新兴产业等规模小，

全省转型发展缺少大战略、大布局、大项目，各市产业布局没有大的稳定思路，同构化同质化倾斜明显。

近年来，山西省围绕资源型经济转型发展进行了积极的探索，也取得了初步成效，但是全省经济结构尚未发生根本性变化，结构不优、速度不快、动能不足的情况依然突出，受外部经济波动的影响，经济下行压力持续加大，财政保障能力减弱，新问题、新矛盾集中，推进改革的难度不断加大。

尽管山西省三次产业结构不断优化，但是，第一、第二、第三产业之间以及各产业内部没有形成协调发展，煤炭、冶金、焦炭、电力四大行业仍然占主导地位，特别是煤炭产业增加值占工业比重仍然较高，“一煤独大”的产业结构未发生实质性改变。新兴产业接替能力有限，新兴产业保持快速增长态势，但总体来看，新兴产业规模偏小，占比较低。战略性新兴产业发展不足，规模不大，缺乏核心关键技术，增加值占规上工业的比重仅为9%，远低于全国平均水平，对促进相关产业发展支撑作用不明显。第三产业中会展业、电子商务、文化旅游等服务业基础薄弱，结构有待优化。

（二）市域产业同构化问题突出

在市级层面，存在较为严重的产业同构化倾向，主导产业基本都是煤炭、冶金、焦炭、电力这四大产业，由于技术水平相当，产品同质化问题较为突出，尚未形成差异性竞争和协同互补发展格局。这种工业结构，一方面造成工业受市场波动影响较大，另一方面高质量发展的挑战严峻，产业升级任务繁重。

分析其原因，市域分工模糊导致市域产业结构趋同严重，阻碍了市域专业化的形成。资源—加工型的垂直区域分工格局阻碍了区域间产业的协调发展与结构优化升级，不利于区域经济向更高层次迈进。同时，在某些相同产业内部，各区域都将发展方向定位于产业生产主体部分，较少考虑配件部分，区域间缺乏专业化分工，影响产业发展的有效分工、合理布局。

（三）市场化程度不高

市场化已成为经济发展的内在驱动力。在经济转轨与体制改革过程中，市场化不仅解决了经济发展过程中的资源配置低效或无效问题，还解决了传统观念桎梏下的体制机制僵化问题，有效提高了资源整合与市场拓展的效率，实现了经济又好又快的发展。习近平总书记指出，要建设充分发挥市场作用、更好发挥政府作用的经济体制，实现市场机制有效、微观主体有活力、宏观调控有度。经济的发展，需要市场起决定性作用，而山西省受传统计划经济思维影响较为明显，市场意识不强，用市场化手段来解决发展问题的能力还不足，政府行政色彩过浓。政府职能转变取得明显成效，但仍然相对滞后，还存在管制过多、缺位、越位等现象。市场主体的活力还不够强，省内企业家队伍素质不高，市场开拓能力、品牌创建和营销能力、企业领导力还有待提升。

三、省内外市场和资源整合配置力量不强

随着市场一体化和交通、通信、体制机制的改革，区域比较优势已经逐步淡化出区域经济发展视野，而代之以市场和资源整合能力。但长期以来，山西在资本、劳动、科技等要素的配置方面，出现了偏好内部煤炭及相关资源型产业的局面，对科技、人才等要素产生了挤出效应，用市场化手段来解决发展问题的能力还不足，导致优质的生产要素缺乏，使得山西要素禀赋结构初级化特征明显。其突出问题表现在：

（一）外向型经济的聚集与辐射能力不强

在经济全球化的背景下，发展外向型经济已经成为转变经济增长方式的突破口，对外贸易和外商直接投资（FDI）也逐渐成为影响地区经济增长的重要因素。外向型经济是经济稳定、健康、可持续发展的重要助推器。

近年来，山西经济活动较多地局限于本省市场，缺乏外向型经济的聚集与辐射能力，衡量经济开放程度的进出口、直接利用外资和对外投资等主要指标远低于全国平均水平。在开放方向上，由于山西省地理空间上特殊性，在开放方向上处在一个比较尴尬的境地；在开放动力上，缺乏开拓市场的动力和能力；在开放文化和服务理念上还做的不够；政策支持力度与其他省份相比，力度还不大。总体上，山西省开放型经济规模还比较小，发展速度较慢，投资发展环境有待改善。

从进出口来看，2016 年山西省进出口总额首次突破 1000 亿元大关，达到 1099 亿元，但仅占全国比重的 0.45%，进出口额在全国排第 23 位。全省外贸出口依靠富士康集团、太钢集团、少数企业和太原市少数地区拉动，产品集中于手机、不锈钢等少数商品，外贸集中度过高，进出口不稳定。企业自营出口能力弱，由外省企业代理出口占全省出口的比重的 36.23%。新业态发展滞后，跨境电子商务、外贸综合服务企业等新型贸易业态参与度严重不足。口岸平台建设滞后，目前山西省只有太原一个航空口岸全面开放，全省没有铁路口岸、公路口岸、电子口岸建设进展缓慢，武宿综合保税区功能优势发挥不足，物流成本高成为制约山西外贸发展的突出问题。

从直接利用外资来看，外资投入水平较低，引进的外资企业数量少，外商投资质量和技术含量有待提高，投资来源地主要是香港，资金到位率不高，需要进一步拓展。招商引资精准度不高，全省招商引资还存在大项目少、好项目不多、落地慢、利用外资水平低等问题，全省外商投资产业结构需要进一步优化。

从对外投资来看，山西省在全国范围来看对外投资水平较低，对外开放的层次和质量不高，与山西省有贸易往来的国家和地区较少，对外投资企业数量较少，远落后于发达地区。分析其原因，主要是对外投资主体实力不强，参与国际合作的经验较少，跨国经营能力较弱，职能部门缺乏对国际产能合作的统筹指导，各部门在推动企业开展国际产能合作中尚未形成工作合力，缺乏信息共享机制。“走出去”企业从银行获得融资比较困难，山西省金融机构在小币种贷款、小币种付汇方面业务支撑不足。

（二）人才总量、结构和科研创新活力不足

在经济发展中，人才资源是最重要的资源，具有物质资源不可比拟的优势，大力加强人才资源建设，充分发展人才资源的优势，是经济发展的关键。

虽然山西省人力资源总量稳步增长，但与产业发展的需求相比，无论是数量还是质量都存在明显不足现象。山西省研发人员总数从2015年开始有所下降。从全国范围来看，山西省研发人员总数较低。创新创业人才不足，行业领军人才稀缺，国家实验室数量不足，每万名研发技术人员占比远低于全国平均水平。人才结构不合理，带动型学科发展人才严重缺乏。

究其原因，既有山西是内陆省份的客观实际，也有一些部门对人才领域改革创新政策落实力度不够的因素，高校、科研机构、公立医院、开发区中部分单位没有及时跟进制定相关的配套办法，存在部署与落实

"两张皮"、政策落实不到位的问题，导致人才改革红利无法落实兑现到个人。改革红利还没有充分释放到位，改革政策还不配套，全面落实用人主体自主权还有差距，人才评价标准科学性还需进一步提升，收入分配政策的激励作用还没有得到更充分发挥。

（三）资金供需矛盾和风险隐患突出

金融是实体经济的血液，实体经济发展的助推器，金融与实体经济相互依存，二者缺一不可，金融作为国民经济发展的核心，也是缓解阵痛、推进实体经济发展的重要力量。近年来，山西省在全面推进金融服务实体经济的进程中，仍存在一些困难和问题，削弱了金融服务实体经济发展的能力和效率。

山西省金融发展相对滞后，融资结构性矛盾比较突出，突出表现是资本市场利用不足，金融资源结构不均衡，地方金融实力偏弱，融资渠道狭窄，风险较大。首先是上市公司总体偏少。全省 A 股上市公司仅 38 家，在全国排名靠后，且以国有煤炭企业为主，2017 年全省 IPO 通过率为零，在全国排名垫底。其次是信贷结构不优。信贷支持主要集中在第二产业，山西省煤焦冶电四大传统主导行业 20 家重点企业和全省煤炭行业贷款余额，分别占的省贷款总量的 28. 2% 和 21. 2%，新兴产业中信息传输计算机服务和软件业贷款占比仅为 0. 11%，新动能新产业获得的支撑较少。但同时全省农合机构资金闲置问题较重，存贷比不足 60%。第三是地方金融机构风险突出。农合机构不良贷款余额达 348. 5 亿元，占全省的 44. 74%，不良率为 7. 78%，高于全省平均水平 4. 49 个百分点。山西信托不良资产从 2016 年末的 1. 84 亿元升至 2017 年末的 2. 89 亿元，不良率从 8. 21% 升至 14. 57%。

四、区域之间发展不平衡不充分矛盾突出

山西省山区众多，自然条件总体较差，长期以来“三农”问题突出，城乡收入差距较大，城乡一体化任务艰巨。2018 年上半年，农村比城镇居民年收入差距达 7755 元，农村居民与城镇居民人均可支配收入只相当于城镇居民的 51.5%，差距接近一倍。同时，由于区域国土面积纵向分布狭长，南北跨度较大，农民之间收入差距较大。长期以来的煤炭能源资源型经济，并没有惠及全体居民，反而拉大了区域和居民群体之间的差距。特别是在太行、吕梁两山地区，城乡之间、居民群体之间收入差距明显。

近年来，山西省不断加大扶贫工作力度，“自上而下”的强力推进，解决了贫困居民暂时的贫困问题，但缺乏长效扶持机制。一方面是贫困者摆脱贫困状态的主动性、积极性不足，存在等靠要思想，甚至以争当贫困户为荣，争抢扶贫政策和资金，在某种程度上颠覆了勤劳致富的传统美德。另一方面，通过强力脱贫，动态调整，使贫困户退出贫困户名单后，脱贫后的贫困户如何生存和发展就成为其基本的责任和下一步工作的重点。目前的脱贫工作是按照现有标准的脱贫，但在大规模脱贫工作结束后，相对贫困的现象还会存在，急需要研究常态化的机制，替代以往的扶贫机制。

城市规模水平偏小。全省存在大城市不大、小城市不强、城市集群效应不高、辐射带动作用不强的问题。大城市数量偏少，省会太原的城市首位度较低，难以形成辐射带动作用；县城平均人口 7.2 万人，比全国平均数少 2.12 万人；一般建制镇平均人口不足 6000 人，其中 3000 人以下的镇近 200 个；太原都市圈、三大城镇群等城镇族群发展不快，难以带动区域竞争力的提升。城镇管理水平不高。城镇建设水平还较

低，经济社会发展规划、产业发展规划等统筹协调性不够，“多规合一”推进机制尚未形成。城市管理科学化、精细化水平不高，大众参与程度不够，存在重建设轻管理、重生产轻生活、重规模速度轻质量效益的情况。“一市一区”问题突出。山西 11 个市中有运城市、临汾市、晋中市、忻州市、吕梁市、晋城市 6 个市存在“一市一区”的问题。各种交通运输方式处于独立、分散发展阶段。不同交通运输方式之间转换繁琐，与“零换乘、无缝衔接”的要求差距很大，急需构建综合交通运输体系。

第三节　营商环境问题分析

营商环境是伴随市场主体从开办、运营到注销全生命周期中各种外部条件的总和，包括政务环境、市场环境、法治环境、人文环境以及国际经贸环境等，是一项涉及经济社会改革和对外开放众多领域的系统工程。近些年，全国各地不断加大营商环境整治力度，促进营商环境有了较大改善，但与投资者、创业者的要求相比，营商环境改善还存在一定差距和问题。

一、改革的整体协同联动不足

营商环境是一个有机整体，需要上下衔接、左右协同，注重改革的系统集成，注重系统性、整体性、协同性，是全面深化改革的内在要求，也是推进改革的重要方法，改革越深入，就越需要注重协同配套和系统集成。目前看来，在改革推进中，既存在基层落实的“最后一公里”问题，也有中间层次的“中梗阻”问题，还存在国务院部门“最先一公里”问题。应加强顶层设计，自上而下对改革力量进行整合，明确牵头部门的统筹作用。

二、数据壁垒、信息孤岛制约营商环境优化

党中央、国务院高度重视推进政务服务一网通办，将“互联网+政务服务”作为优化营商环境的关键抓手。各地区、各部门、各层级纷纷建立政务服务平台和系统，但由于各种原因数据信息不能互联互通，数据难互通、不共享成为提高行政效能的重要制约，导致服务效率低下。目前各领域多套信息系统并存，录入、核对的重复性等问题依然存在，甚至出现了一边打破信息壁垒，一边又出现新的“信息孤岛”现象。数据资源管理作为一项复杂的工程，在优化营商环境工作中操作难度大、部门责任重，各类数据资源整合能力弱，要有效发挥数据资源管理部门的作用，加强部门沟通，打破部门“信息孤岛”，明确部门信息资源共享流程，开展数据资源梳理工作，打通数据壁垒，构建横向到边、纵向到底的大数据网络。

三、营商环境法律法规不健全

随着营商环境改革向纵深推进，我国的法律法规在不断地发展和完善，但在营商环境治理方面，缺少系统完整的营商环境专项治理的地方性法规，存在着现有法律法规对“不作为”“虚作为”“乱作为”等破坏营商环境的具体行为规定不清、界定不明，碰到法律法规“天花板”的情况越来越多。比如，一些地方推行电子证照、电子印章、电子签名、电子档案，由于法规不健全，造成认定使用难、跨地区办理难。再如，企业投资项目的并联审批，也需要对相关法律法规进行修改。

四、群众和企业的获得感不强

优化营商环境是一项系统工程，具有长期性、复杂性、艰巨性，以

企业负担为例，虽然采取了一系列减税降费改革措施，然而我国企业的综合税费成本仍处于较高水平。在一些地方，部分领导干部面对营商环境治理存在不敢为、不愿为等问题，手续繁琐、效率低下、遇事“推绕拖”等办事难现象依然存在，营商环境改善过程中未聚焦市场主体和人民群众办事创业的痛点难点，政商之间缺少互信，造成市场主体和人民群众的获得感不强。全国各地区均应以企业和群众的感受为标准，倒逼深化政府自身改革，全面提升企业和群众的获得感。

从山西来看，山西省受到市场化程度不高以及计划经济的影响，突出表现为营商环境不优，成为山西省发展的重要短板。近年来，山西省营商环境和国际先进水平、和发达兄弟省市相比差距仍然十分明显。部门利益驱动问题在一定范围内还存在，优惠政策没有落实到行动上，优惠措施束之高阁，影响了群众创业热情。企业创新能力不强，管理方式落后。各级政府部门涉企信息归集的覆盖面不够，归集信息的完整性、及时性、准确性有待提高。

第六章

经济发展形势预判

随着区域经济一体化进程加快，产业融合度不断提升，产业链条持续延伸，全球经济发展形势已发展为牵一发而动全身。尽管全球经济依然处于稳步复苏状态之中，但美国发起的贸易保护主义及全球宽松货币政策的转向，使国际面临新的不确定性。在国际经济形势振荡，国际贸易规则变革之际，中国要融入这种变革乃至成为新一代经贸规则的制定者，需要从国内改革开放着眼，深化制度改革，改善营商环境，同时推动更高水平的开放，推动中国成为新型全球化的引领者。

第一节　国际经济发展形势

世界贸易组织预测，未来几年国际贸易、新兴经济结构增长速度较缓；全球货币贬值加剧，存款利率降低，资本流动功能弱化；世界经济增长引力趋于弱化趋势，虽然当前世界经济发展总体仍面临多种问题，但总体态势较为积极：第一，世界贸易格局发生深刻变革，迎来了全球新经济秩序变革的契机，将会对全球贸易发展产生积极影响；第二，美国、欧元区、金砖国家经济形势基本好转，全球经济复苏态势总体延续。

一、世界贸易格局深刻变革

自第二次世界大战结束以来，国际贸易结构经历了从成品贸易为主到中间品贸易为主的变化，国际经贸规则也实现了从货物贸易向服务贸易，从贸易向投资、知识产权以及发展援助等议题的不断演进，促进了经济全球化不断深化。

（一）国际贸易结构调整

20 世纪 80 年代，国际贸易总量中成品贸易占 70% 左右；到 2010

年，国际贸易总量中成品贸易仅占40%，60%是零部件、原材料等各种中间品贸易；截至2018年，国际贸易总量中的中间品贸易占比上升到了70%，至此世界上主要的贸易品，已经不是由一个国家、一个地区的企业所生产，而是由几十个国家、几百家企业所生产的上千个零部件互相组合而成的。庞大的中间品贸易过程促进了服务贸易的飞速发展，三十年间服务贸易量与货物贸易量之比从5∶95迅速变化至30∶70，包括生产性物流、生产性服务业，产业链金融，各类科研开发、研究设计服务等，标志着全球贸易格局发生了明显变革。

贸易格局变化致使产品生产企业的组织、管理方式发生了深刻的变化。一个产品的生产涉及到几千个零部件，在几百个国家或者几十个国家之间形成一个游走的逻辑链，即一个产业链集群，产业链集群的控制者就是纽带的核心、行业的龙头。新的贸易格局形成了新的世界级企业的产生方法和控制产业特征，即价值链、供应链、产业链，进而引出了零关税、零壁垒、零补贴的“三零”原则。通过国际贸易谈判、国际贸易合作，我国与世界贸易体系形成一个开放的、互利的、普惠的、包容的、共享的人类命运共同体。

未来的国际贸易谈判、开放过程，都与以“三零”原则为基础的贸易格局密切相关。第一，“三零”原则具有一定的灵活性、趋势性、阶段性，不等于全部同时归零，例如，在日本与欧洲的贸易谈判中，日本对欧洲的全部货物贸易品种中有86%实施零关税，剩余14%贸易品的关税在未来15年时间中逐步归零，同时即使15年后，仍可保留小部分贸易品的关税。第二，“三零”原则实现，需要率先实验、逐步推进，例如，上海自由贸易实验区。

零关税，促进国内企业进口成本下降，从而使制造企业成为最大的受益体，助力我国由制造大国向制造强国转化；利于我国在世界贸易链条中成为集团龙头；有助于我国企业进一步走向世界。零壁垒，优化国际营商环境，可以极大地提升我国企业到海外投资的便利性。零补贴，可以节约财政开支，从源头杜绝跑步前进、灰色交易等情况发生，同时倒逼国有企业改革发展模式，革新产业结构，促进企业健康发展。

世界贸易格局的深刻变化，带来了产业链条的变化，也将逐步推动国际贸易规则的变革，为我国贸易发展、产业结构调整带来新机遇。

（二）国际贸易规则重构

当前，新一轮国际经贸规则重构正在拉开序幕，东西关系、南北关系以及新旧规则相互交织，新一轮规则博弈正在展开。一方面，国际多边自由贸易体制的有效性和权威性有待进一步提升，发展中国家发展利益和政策空间仍需保障。另一方面，受自身结构性因素影响，部分发达国家在参与全球经贸合作过程中感到力不从心，希望通过重构全球经贸规则、构建高标准自由贸易协定等方式维护自身利益。

2018 年底美国联合加拿大、墨西哥共同签署“美国—墨西哥—加拿大协定”（USMCA），标志着美国完成了北美经济板块经贸规则的重新整合，该协定实质是“跨太平洋伙伴关系协定”（TPP）的核心条款卷土重来，其中“毒丸条款”（该条款实际上禁止缔约国与“非市场经济国家”达成自贸协议）等排他性安排的负面影响不容忽视。未来围绕全球经贸规则调整的斗争将更加激烈，推动 WTO 进行必要改革，开展双多边自由贸易谈判，贯彻开放、包容、非歧视的核心价值和原则，将是一个艰难曲折的过程，也是国际社会需要共同应对的重大课题。

二、全球经济不确定性提高

联合国经济社会事务部 2019 年 1 月发布《2019 年世界经济形势与

展望》。报告指出2019年和2020年全球经济将以约3%的速率稳步增长，但较2018年回落0.1个百分点。有迹象显示，全球经济增长已经达到顶峰。由于贸易争端升级、金融压力和波动风险显现、地缘政治关系紧张，2019年许多国家的经济增势将会减弱。同时，一些发达经济体面临的生产能力约束，可能会对短期增长产生影响。其中，随着2018年财政刺激措施带来的推动力减弱，美国经济增长预计将在2019年放缓至2.5%，并在2020年减缓至2%。欧盟经济预计将保持2%的速度稳步增长，但下行风险依然存在，包括英国脱欧可能产生的影响。一些国家单边主义和贸易保护主义抬头，导致全球贸易摩擦加剧，国际地缘政治冲突给世界经济发展蒙上阴影，全球政策不确定性明显提高，经济风险明显上升，世界调整变革不断加剧。世界银行集团与国际货币基金组织（IMF）2019年春季会议均对当前全球经济三大不确定性提出警示。

（一）经济增长前景不确定

尽管当前全球经济继续扩张，但其速度已慢于早先预期。世界银行集团与国际货币基金组织（IMF）于2019年春季会议期间发布最新《世界经济展望报告》称，鉴于这种疲弱态势将延续至2019年上半年，70%的全球经济体2019年或出现增长减缓。IMF预计2019年全球经济增速进一步降至3.3%，这是自2009年以来的最低年增长率。报告同时显示，2019年下半年全球经济有望出现反弹，2020年预计回升至3.6%的增长水平，主要原因是主要经济体采取宽松财政和货币政策。

在政策空间有限、债务水平达到历史高位、金融脆弱性居高不下的背景下，贸易紧张局势、政策不确定性、地缘政治风险以及融资条件突然大幅收紧，全球经济面临的风险仍偏向下行。

（二）国际贸易环境不确定

一些国家单边主义和贸易保护主义抬头，这一变化给国际贸易和投资带来较大变数，也为全球经济复苏蒙上阴影。基于近几年持续恶化的国际贸易环境，世贸组织 2019 年大幅下调了全球贸易增长预期，贸易紧张局势是当前全球经济增长面临的最大下行风险。当前全球范围内存在多个经济体间的贸易争端，一旦局势失控而演变为大规模贸易战，势必拖累全球贸易投资增长，削弱世界经济复苏动力。

对于已深度融入世界经济、同世界经济互联互动空前紧密的我国，这也意味着诸多不确定性，对于产业结构处于变革期的山西，意味着更加严峻的挑战。尤其是中美经贸摩擦、新兴经济体债务高企，外部发展环境不确定性日益增加。

美国政府保护主义成为近期世界经济下行的主要风险点。2017 年以来，美国政府密集发起系列贸易保护措施，打击对象几乎涉及所有主要贸易伙伴，打击领域既有钢铁、铝材等资源产品，也有洗衣机等家电产品，更有光伏设备等先进技术产品。美国政府贸易保护主义给世界经济带来新的下行压力，欧元区、日本、韩国、墨西哥等对美出口受到阻遏，特别是与贸易保护配套的弱势美元倾向，将推动美国主要贸易伙伴货币升值，从而形成紧缩效应，减弱其经济增长动能。美国政府贸易保护的最显著特点是从多边为主转向单边为主，WTO 框架下的“双反”调查不再是主要手段，单边主义的“232”调查、“301”调查等将扮演主要角色，这将对多边贸易体制造成根本性破坏，阻滞贸易投资自由化进程，使本就缺乏新增长动力的国际贸易雪上加霜，进一步限制国际贸易带动世界经济增长的能力。经合组织分析认为，如果加征关税导致中美欧贸易成本上升 10%，全球 GDP 将被拉低 1.4%。此外，当前乌克兰外债规模已超其名义 GDP 值，阿根廷、土耳其、乌克兰、马来西亚等国家短期外债规模与外汇储备之比已超过或接近 100%，新兴经济体外债还本付息负担明显上升，随着美元利率和汇率继续上升，新兴经济体发生区域性甚至系统性债务危机的临界点正在逼近。未来，中美经贸摩擦进一步升级，导致我国出口特别是对美出口遇到明显阻滞；美联储加息与美国贸易保护产生的叠加吸引力，可能导致跨国投资向美国回流意愿增强，对我国扩大利用外资特别是利用高技术投资、提高全要素生产率产生不利影响；新兴市场国家是我国推进出口市场多元化、减轻对美国市场依赖的重要借助，不少债务风险较高的国家分布在“一带一路”沿线，若新兴市场国家债务风险爆发、经济增长势头受到遏制，将使我国出口受到更多制约，一些重大项目面临停滞乃至中断的风险。

（三）全球金融风险不确定

自 2008 年全球金融危机以来，金融稳定性一直是各大经济体关注的重点。尽管目前全球金融警报尚未被触发，但若脆弱性继续积累，尤其在依旧宽松的金融条件下，金融震荡对全球经济的冲击效应极可能被放大，提高未来几年经济出现严重下滑的可能性。在全球增长下行风险加剧背景下，政策制定者只有致力于避免更急剧的经济增长放缓，同时抑制金融脆弱性，才能进一步降低金融风险，稳定金融市场。

三、全球经济弱态势复苏

全球经济延续整体复苏态势，2019 年世界经济大幅失速或陷入衰退的风险整体可控，有望延续弱复苏态势，主要经济体走势进一步分化，总体上仍处于国际金融危机后的深度调整期。国际金融危机爆发至今已经超过 10 年，以往的重大风险已基本释放，但新的风险又在形成，短期内将世界经济拖入衰退的可能性相对较低，却严重影响世界经济的稳定增长，对各国的宏观政策提出新挑战。从主要发达经济体来看，美欧日将保持相对较弱增长态势，金砖国家经济增长基本稳定。

（一）美国经济增速回落

2018年美国经济在减税和前期量化宽松货币政策的共同作用下出现强劲增长，在发达经济体中“一枝独秀”。据美国商务部统计，2018年前三季度美国国内生产总值（GDP）同比分别增长2.2%、4.2%和3.4%，其中第二季度创2014年第四季度以来最快增速；全年失业率维持在4%以下，尤其是2018年9月至11月3.7%的失业率创下49年来最低水平，基本处于充分就业状态，通货膨胀压力不大，家庭资产负债表持续改善。基本面不断改善为2019年美国经济增长提供了支撑，但预计增长速度将出现一定幅度的下滑，主要原因是：特朗普上台后实施的经济刺激政策边际效应逐步递减，持续加息将抑制消费和投资需求增长，大规模贸易摩擦削弱美国企业竞争力，而困扰美国经济的政府债务高企、产业“空心化”、收入分配不均、中产阶级剥夺感增强等结构性问题并未得到有效解决。2018年第四季度美国股市剧烈波动并跌破年初水平，长短期国债收益率出现倒挂，预示着企业盈利高峰期已经过去，市场对美国经济增长预期趋弱。IMF预测，2019年美国经济增长2.5%，增幅比2018年降低0.4个百分点。

（二）欧元区经济低速增长

2018年欧元区经济高位回落，全年增长1.8%，增幅比2017年下降0.6个百分点；四个季度同比分别增长2.4%、2.2%、1.6%、1.2%，呈下行走势。2019年欧元区经济面临的不确定性因素较多，英国“脱欧”、意大利财政问题都进入了关键阶段，法国国内局势依然动荡，美欧贸易争端暗潮涌动，一旦诸如英国“硬脱欧”等极端情况出现，将对欧元区经济形成剧烈冲击。为刺激经济复苏，欧央行自2015年开始实施购买政府和企业债券计划，但该计划已于2018年底结束；不过已经投入市场的资金存量巨大，3年来欧央行通过该计划累计购债总规模约为2.6万亿欧元，其资产负债表由2.2万亿欧元扩大至4.7万亿欧元，金融市场环境较为宽松，将对欧元区经济增长形成一定支撑。欧元区综合采购经理人指数等先行指标仍处于荣枯线之上，表明经济仍在扩张，加上失业率缓步下行、企业投资有所上升，如果不出现极端情况，2019年欧元区经济有望继续维持弱增长态势。IMF预测，2019年欧元区经济增长率将从2018年的1.8%下降到1.6%。

（三）日本经济增长疲弱

2018年日本经济增长并不稳定，第一、三季度均出现负增长，日本内阁府初步统计数据显示，全年实际增长0.7%，增幅比2017年下降1.2个百分点；物价走势依旧疲弱，但失业率持续保持在2.5%以下的较低水平。近期日本消费者信心指数和商业信心指数不断下行，私人消费和商业投资疲软，企业利润下滑，加上人口老龄化严重、结构性改革推进困难、高债务压缩宏观经济政策空间等难题，2019年的经济形势不容乐观，季度间仍可能出现较大波动。IMF预测，2019年日本经济增长1.1%。

（四）金砖国家增速回升

金砖国家中，印度经济2018年第一季度同比增长7.7%，为近七个季度以来最高值；巴西、俄罗斯经济同比增速分别为1.2%、1.3%，明显超过上年同期增速，摆脱衰退、复苏向好态势继续巩固。

经合组织（OECD）于2019年5月21日发布2019上半年经济展望

（OECD Economic Outlook），文章认为持续的贸易紧张局势导致经济增长势头明显减弱，预计全球经济增长率 2019 年放缓到 3.2%，2020 年为 3.4%。与贸易密切相关的商业投资增长率从 2017 年及 2018 年的 3.5% 降低到 2019、2020 年的 1.75%，关税和未来贸易不确定性影响使得制造业全球价值链遭到严重打击，服务业运转良好。

第二节　国内经济发展形势

虽然国内外环境复杂多变，但我国发展仍处于并将长期处于重要战略机遇期。近年来，我国经济由高速增长阶段转向高质量发展阶段的基本特征愈加明显，高铁、通信设施等先进技术装备出口增多，区域经济影响力在共建“一带一路”背景下日益增强，政治环境长期保持稳定，人民勤劳、朴实、坚韧、向上，我国经济仍有巨大增长潜力。用好这个重要战略机遇期，就能推动我国经济高质量发展。

一、我国经济发展进入新阶段

当前我国经济已由高速增长阶段转向高质量发展阶段，这是以习近平同志为核心的党中央对新时代我国经济历史方位和基本特征作出的重大判断。进入高质量发展阶段，意味着发展方式、经济结构、增长动力的多重转向，意味着将迎来一场深层次全方位的变革升级。

（一）经济增长模式转变

我国经济过去30多年的年均增长率接近10%，GDP的世界占比由2.7%迅速提高到目前的近15%，创造了世界经济史上的“中国奇迹”。

国际金融危机爆发后，世界经济格局不断发生深刻变化，我国经济发展的内在支撑条件和外部需求环境都已今非昔比，这就要求经济增长速度“换挡”。实现经济由高速增长向高质量发展的转变，主要原因有四点：一是国际金融危机以来，世界经济呈现出“总量需求增长缓慢、经济结构深度调整”的特征，使得我国的外部需求出现常态性萎缩，外需对我国经济的拉动作用明显弱化；二是我国传统人口红利逐渐减少，资源环境约束正在加强，与此相对应的是，我国过度依靠投资和外需的经济增长模式，已使得能源、资源、环境的制约影响越来越明显，石油、天然气等重要矿产资源的对外依存度在不断提高，要素的边际供给增量已难以支撑传统的经济高速发展路子；三是第三次工业革命到来之际，主要发达国家纷纷加快发展战略性新兴产业，力图抢占未来科技创新和产业发展的制高点，但长期以来，我国产业发展方式粗放，科技创新能力不足，科技与产业的融合力度不够，使得很多产业竞争力不强、核心技术受制于他人，我国经济需要主动放慢增长速度，为发展高质量型的经济腾出空间、留出时间；四是随着我国居民收入水平不断提高，消费者对高品质农产品、高端制造品和高质量服务的需求更加突出，但国内企业的现有产品供给还不能很好地满足需求结构的这一变化，越来越多的优质农产品需求、高端制造品需求、高品质服务需求等高端需求转向海外市场。

上述内外条件所发生的深刻变化，使得我国原有主要依靠要素投入、外需拉动、投资拉动、规模扩张的增长模式难以为继，迫切需要转变发展方式、优化经济结构、转换增长动力，要求我国经济必须向追求高质量和高效益增长的模式转变。推动高质量发展，既是保持我国经济持续健康发展的必然要求，也是适应我国经济结构变化和全面建成小康社会、全面建设社会主义现代化国家的必然选择。

（二）经济增长方式变革

按照中央的决策部署，当前和未来一段时间，推动我国经济由高速增长阶段转向高质量发展阶段，需要重点抓好以下几项工作：一是深化供给侧结构性改革。这是实现高质量发展的首要任务。继续推进中国制造向中国创造转变，中国速度向中国质量转变，制造大国向制造强国转变。深化要素市场化配置改革，大力培育新动能，强化科技创新，大力降低实体经济成本。二是激发各类市场主体活力。推动国有资本做强、做优、做大，加强国有企业党的领导和党的建设，推动国有企业完善现代企业制度，健全公司法人治理结构。支持民营企业发展，加快构建亲清新型政商关系。三是实施乡村振兴战略。健全城乡融合发展体制机制，深化粮食收储制度改革，坚持质量兴农、绿色兴农，农业政策从增产导向转向提质导向。四是深入实施区域协调发展战略。推动实现区域之间的基本公共服务均等化，加快实施京津冀协同发展战略，推进长江经济带建设，推动“一带一路”建设。继续推进西部大开发，加快东北等老工业基地振兴，推动中部地区崛起，支持东部地区率先推动高质量发展。五是推动形成全面开放新格局。要求有序放宽市场准入，促进贸易平衡，继续推进自由贸易试验区改革试点，有效引导支持对外投资。

二、全国经济运行稳中向好

国内宏观经济发展环境持续改善，财政政策和货币政策协同发力，实体经济发展环境将日趋向好。

（一）宏观经济环境持续改善

国家统计局公布数据显示，2018 年上半年我国 GDP 同比增长

6.8%，连续12个季度保持在6.7%～6.9%的中高速区间，6月我国制造业采购经理人指数（PMI）51.5%，已连续23个月稳站荣枯线上方，表明制造业总体继续保持景气扩张态势，市场预期、企业信心稳步向好。2018年我国GDP总体增速为6.6%，较上年回落0.2个百分点。从经济周期的角度来看，库存周期正在由主动补库存逐步转向被动补库存阶段，体现为工业企业产成品库存与PPI价格仍在上升，但即将接近顶点；设备投资周期仍未正式启动，随着供给侧结构性改革推动产能不断出清，产能利用率逐步提升，但设备投资并未明显提升；房地产周期已经进入下行阶段，2018年下行压力持续；人口周期进入下行阶段，2015年开始我国适龄劳动人口占比开始下降，2016年开始适龄劳动人口绝对值也开始下降。总体来看，当前我国经济长期向好基本面没有改变，经济已基本告别高速增长阶段，正向高质量发展阶段转型。IMF对我国2019年的经济增长预测从6.3%提高到6.4%，均上调了0.1个百分点。

（二）财政货币政策协同发力

财政政策和货币政策都是宏观经济政策的重要组成部分，是宏观经济调控的重要手段。多年来积极的财政政策和稳健的货币政策有效搭配与协调实施，有力地保障了我国经济长期持续健康发展。未来，我国财政政策将更加积极，根据形势变化相机预调微调、定向调控，进一步提高政策的前瞻性、灵活性、有效性，在扩大内需和结构调整上发挥更大作用，更有效地服务实体经济。下一步将推动企业研发费用加计扣除比例提高到75%的政策由科技型中小企业扩大至所有企业，加快国家融资担保基金出资到位和投资运营，对拓展小微企业融资担保规模、降低费用取得明显成效的地方给予奖补，持续为企业减负，优化营商环境。

货币政策将保持稳健中性，灵活运用多种货币政策工具组合，合理安排工具搭配和操作节奏，加强前瞻性预调微调，维护流动性合理充裕，保持适度的社会融资规模，把握好稳增长、调结构、防风险之间的平衡。中国国人民银行发布的《2019 年第一季度中国货币政策执行报告》指出，目前，货币政策应对空间充足，货币政策工具箱丰富，有能力应对各种内外部不确定性。下一阶段，中国人民银行将注重以供给侧结构性改革的办法稳需求，坚持结构性去杠杆，在推动高质量发展中防范化解风险，坚决打好三大攻坚战。紧紧围绕服务实体经济、防控金融风险、深化金融改革三项任务，创新和完善金融宏观调控。立足于推动高质量发展，更加注重质的提升，更加注重激发市场活力。适时适度实施逆周期调节，根据经济增长和价格形势变化及时预调微调，进一步加强政策协调，疏通货币政策传导，创新货币政策工具和机制，进一步降低实体经济尤其是小微企业融资成本，提高金融服务实体经济的能力和意愿。一是稳健的货币政策保持松紧适度，根据经济增长和价格形势变化及时预调微调，保持流动性合理充裕和市场利率水平合理稳定；二是促进结构优化，更好地服务实体经济，发挥货币信贷政策促进经济结构调整的作用，做好金融支持供给侧结构性改革各项工作；三是进一步深化利率市场化和人民币汇率形成机制改革，提高金融资源配置效率，完善金融调控机制。

三、区域竞争形势日益严峻

高端资源进一步向发达地区集聚，区域竞争日益加剧。2012 年我国经济步入新常态之后，全国区域发展呈现出不同于以往的新特征，随着新旧动能的转换，新经济形成和发展的不均衡导致区域经济增长的分化趋势逐渐显现。从近年来的区域 GDP 经济增长的速度来看，尤其是

2015 年之后，因新经济发展的非均衡导致的区域经济增长分化趋势越来越明显。东部沿海地区因为发展阶段的特点，比较早地对创新驱动转型进行了布局、部署，采取了相应调整的举措，2016—2018 年 3 年保持了较好的投资效率和发展质量，经济增长也比较平稳，发展后劲较足。从 2018 年来看，东部发达地区的增长势头整体好于中西区地区。为抢占新一轮经济发展的主导权和战略制高点，发达地区今后将必将利用较好的产业基础、地域优势和发展环境，吸引资金、人才、技术集中，进一步拉大发展差距。2017 年以来迅速升温的招才引智政策产生了很强的虹吸效应，这些都会在一定程度上影响中西部的发展空间，势必加剧区域间发展的不平衡。全国各地区未来都处于开启高质量发展新的起跑线上，在改革开放、产业转型、引资引智方面的竞争必将更趋激烈。

四、潜在经济运行风险升高

潜在经济运行风险不容忽视，发展仍然面临较大制约。当前，全国居民、企业、地方政府等部门的杠杆率处于较高水平，山西省属企业资产负债率总体呈下降态势，但仍处高位。随着国家防控金融风险力度进一步加大，企业融资将更加困难，企业债券违约风险加剧。环境污染防治攻坚力度加大，倒逼山西传统产业绿色升级，短期内支出成本增加，采暖季及重污染期间，实施停产限产、错峰生产、错峰运输等措施，企业均衡稳定生产难度增加。全国很多地区盲目追求新兴产业，一哄而上，过度补贴，很多新兴行业出现了新的产能过剩问题，比如光伏行业和新能源汽车领域。未来 2 ~ 3 年，新产能过剩问题可能会进一步凸显，随着中长期发展不平衡不充分矛盾与短期经济运行中的一些困难相互交织，经济发展仍面临传统动能加快修复与新动能发展不足、市场预期持续改善与产能释放受限、能源原材料上游行业价格上涨与下游加工行业成本上升、高能耗产业快速增长与能耗压力上升等多重并行“两难”局面，保持经济持续稳定增长难度加大。

我国进入中国特色社会主义新时代，经济已由高速增长阶段转向高质量发展阶段，2019 年初消费回暖、投资增速回升、贸易顺差较上年同期大幅上升、居民收入增速加快、外出务工农村劳动力增加、实体部门融资需求回升，总体而言全国经济发展形势利好。

第三节　山西经济发展研判

综合判断，未来几年间山西仍处于可以大有作为的重要战略机遇期，也面临诸多矛盾叠加、风险隐患增多的严峻挑战。

一、发展机遇分析

（一）转型综改试验区建设有利于促进山西开放发展

当前，我国正在形成全面开放新格局，各地都在重构定位。山西全面对外开放迎来重大机遇。在现代交通信息条件下，随着开放“门户”内移，区位不再是开放的决定性因素，内陆和沿海可同处于开放一线，山西需克服长期形成的资源型地区眼睛向内的习惯，整体上转过身来，眼睛向外，树立开放观念，走开放发展之路。赋予了山西省更多的发展空间，特别是山西已进入深化转型发展的关键阶段，处于可以大有作为的重要战略机遇期，发展后劲和协调性显著增强，形成了自觉转型、全面转型、深度转型的良好局面，为打造内陆地区对外开放新高地奠定了坚实基础。只有大开放才能促进大转型。山西应努力把握新一轮开放机遇，充分发挥转型综改试验区建设的战略牵引作用，瞄准“新高地”，以开放促改革、促转型，大力培育竞争新优势，实现后发赶超，促进全省经济发展转型升级。

我国加快经济结构优化升级、提升科技创新能力、深化改革开放、加快绿色发展、参与全球治理体系变革带来的五个新机遇，将为山西转型发展提供有利的宏观背景。国家强化逆周期调节的宏观政策、强化体制机制建设的结构性政策、强化兜底保障功能的社会政策，将为山西转型发展提供有利的政策支持。

山西发展不足，在很大程度上是开放不足。作为内陆欠发达省份，山西长期以来依靠资源优势发展，导致经济结构严重失衡，再加上对外开放基础薄弱，开放程度不足，开放型经济发展水平较低，这些问题严重制约了山西经济持续健康发展。努力构建内陆地区对外开放“新高地”，以开放促改革、促转型、促发展，将破解制约山西资源型地区创新发展、结构性矛盾突出地区协调发展、生态脆弱地区绿色发展、内陆地区开放发展、欠发达地区共享发展“五大难题”，推动山西形成全面开放新格局。

经济结构的深层次问题阻碍开放型经济发展。典型的资源型经济特征导致开放意识淡薄，新技术新产业发展滞后，使山西对外开放一直处于较低的水平。山西作为我国能源重化工基地，经济结构单一，且受计划经济影响深远，产业的资源依赖性强，造成经营者乃至全社会竞争意识不强，开放欲望淡薄，缺乏自主创新、开拓发展的内在动力，竞争性产业没有大的发展和突破。单一的产业结构、初级化的产品结构、粗放的增长方式，使得吸引优质资源、嫁接先进技术成为难题，山西承接产业转移和对外扩张的能力弱，现代服务业发展滞后，限制了开放的领域和空间。

“十三五”时期，山西进入了全面建成小康社会的决胜阶段，也进入了深化转型发展的关键时期，国内外政治经济形势发生深刻变化，不确定不稳定因素依然较多，全省构建内陆地区对外开放“新高地”必须实施更加积极主动的开放战略，以构建开放型经济新体制为主线，以建设对外开放平台为主战场，以提升对外开放服务水平为主攻方向，着力打造制度高地、创新高地、环境高地，力争形成全方位、宽领域、多层次、高水平的全面开放新格局。

（二）与京津冀地区的协作联动有利于山西全面发展

国家扎实推进共建“一带一路”，加快京津冀协同发展、长江经济带、粤港澳大湾区、长三角一体化发展，将为山西主动融入国家发展战略、扩大对内对外开放空间提供广阔舞台。2017 年《国务院关于支持山西省进一步深化改革促进资源型经济转型发展的意见》（国发［2017］42 号）中明确提出，“加强与京津冀协同发展战略衔接，支持山西省与京津冀地区建立合作机制，实现联动发展”，明确了山西深度融入京津冀协同发展战略，为山西省在更高层面、更大平台谋划实施融入京津冀协同发展提供条件。

对山西而言，加强与京津冀地区的协作联动发展，是加快创新驱动转型升级，提高整体发展水平、综合竞争力和可持续发展能力最直接、最有效、最现实的重大战略机遇。

首先，京津冀地区是我国经济最具活力、开放程度最高、创新能力最强的地区，深度融入京津冀协同发展，充分利用其政策优势、创新资源、开放平台，将有利于山西省培育新的发展动能，促进经济转型升级。

其次，我国当前高度重视生态文明建设，在京津冀协同发展中，山西省在被赋予生态环境保障重要任务的同时，也将享受到协同发展的成果和政策支持。

再次，国家强力推进雄安新区建设将创造出巨大的市场需求，为山西省清洁能源等优势产品和文化、旅游、劳务等服务输出创造了有利条件，为我省优势企业、产品和服务拓展市场提供重要机遇。

最后，北京非首都功能的疏解，对山西省在教育、医疗和养老等领域承接优质资源，提高全省公共服务发展水平、补齐民生短板产生积极影响。

（三）煤炭价格趋稳为山西带来强劲外部动力

大宗商品价格宽区域均衡波动，煤炭价格有望稳定在合理区间。从当前来看，伴随着全球增长继续加强，国际能源原材料市场保持价格稳步上升态势，国家原油价格持续上涨，美国能源信息局 2018 年 9 月发布的能源展望报告，2019 年纽约轻质原油期货均价预计为每桶 67.36 美元，伦敦布伦特原油期货均价预计为每桶 73.68 美元，均比上年有所提高。2018 年 12 月 21 日澳大利亚纽卡斯尔港动力煤价格指数为 60.79 美元/吨，已连续多周持续下跌。据国际能源署预测，全球大宗商品价格暴涨暴跌的时代已基本结束，未来石油、天然气、能源等可能会在长周期内，在宽区域区间均衡波动。国内考虑到煤炭供给侧结构性改革的深入推进以及国家煤炭行业平稳发展长效机制的调控，2019 下半年煤炭市场形势受季节性及政策性影响将呈现上行态势。未来 2 ~ 3 年，需求侧，受房屋新开工增长后续效应影响，以及民间投资稳定增长、制造业投资改善、扩大内需政策等，判断煤炭需求将继续保持增长；供应侧，随着优质煤炭产能继续释放，加上煤炭运输结构调整，预计煤炭产量和铁路运煤量将保持增长，不过环保、安全监管等因素将使煤矿生产受到一定制约，同时由于沿海地区电厂煤耗维持高位，后期煤炭进口量将有所增长，但增幅不会很大，煤炭供求关系总体将趋向平衡，煤炭价格仍会稳定在合理区间，这将为山西省带来较好的外部增长动力。

二、总体趋势预判

未来 3 年山西经济社会发展的宏观环境仍然较好，《国务院关于支持山西进一步深化改革促进资源型经济转型发展的意见》（国发〔2017〕42 号）文件、《关于支持山西与京津冀地区加强协作实现联动发展的意见》（发改地区〔2018〕1248 号）文件等政策红利持续释放，省委、省政府深化国企国资改革、加快开发区改革创新发展、开展转型项目建设年活动等重大举措的成效逐步显现。新兴产业投资、规上工业企业利润、一般公共预算收入、用电量、市场主体快速增长，新的内生活力和动力进一步被激发，我国及山西经济发展健康稳定的基本面没有改变，新旧动能转化的势头只会更强。

但是也要看到，山西外部环境和自身条件正在发生深刻变化，国际环境不稳定、不确定因素增多，美国大幅减税、推行贸易保护主义对我国对外贸易、资本流动和人民币汇率带来影响；2018 年新增基础设施投资下降严重导致经济下行，人民币对美元汇率中间价总体呈先稳后贬、双向波动的走势，使得未来全国经济运行面临一些新问题新挑战；山西正处于政治生态由“乱”转“治”、发展由“疲”转“兴”基础上拓展新局面的攻坚期，经济社会发展中还存在部分转型指标有明显时差、新上转型项目不足、新增贷款流向不合理、环保形势严峻、城市房价上涨压力增大、市县经济发展很不平衡、民生社会事业欠账较多等问题，需要紧盯国家宏观政策走势，按照中央稳就业、稳金融、稳外贸、稳外资、稳投资、稳预期的“六稳”要求，积极应对发展中存在的矛盾和问题，统筹做好各项工作，有效应对各种风险挑战，在改革中释放制度新红利，在开放中激发改革新动力，在创新中打造发展新引擎，在转型中保持经济稳定增长，让更多发展成果惠及全体人民。

三、GDP 增速

山西省统计局数据显示，2016 年地区生产总值增速为 4.5%，2017 年为 7%，2018 年为 6.7%。从需求侧来看，在国家进一步扩大内需、实施更加积极的财政政策和稳健中立的货币政策影响下，未来投资将可能实现较好的增长，消费将基本稳定在合理水平，进出口总额对全省 GDP 的贡献率很小，不会从根本上影响经济发展走势。从一二三产业来看，农业基本稳定，服务业仍将保持较快增长，规上工业 2016 年、2017 年前两年实际年均增长 4%，速度较慢，2018 年，非煤工业引领工业增长，全省规模以上工业中，煤炭工业增加值增长 0.3%，非煤工业增加值增长 8.2%。随着宏观经济逐步向好，全省工业总体呈现稳中向好运行态势。综合判断，未来 3 年山西地区生产总值增速将保持在 6.5% 左右。

第七章

国际经验借鉴与启示

本章以资源型经济转型为例，就其对我国经济发展中资源型经济发展提出可借鉴的经验与启示。资源型经济是随矿产资源和森林资源的开发而兴起，并以资源开采为主导产业的城市。在国际国内学术界，有以下几种说法：一是指主要功能或重要功能是向社会提供矿产品及其初加工品等资源型产品的区域经济体。二是依托资源开发而兴建或者发展起来的区域，其主导产业是围绕资源开发而建立的采掘业和初级加工业。三是指伴随资源开发而兴起的区域（城市），或者在其发展过程中，由于资源开发促使其再度繁荣的区域（城市）。以山西为代表的我国部分省份的总体经济对矿产资源尤其是煤炭资源依赖过重，转型升级的压力较大。

国际上德国的鲁尔、英国的纽卡斯尔属于资源型经济转型升级的典范，在转型过程中取得的经验值得我国借鉴。

第一节　德国鲁尔的经验

在20世纪50年代末，一些西方国家资源型地区的转型逐渐开始，其中最典型的案例是鲁尔区的产业转型。鲁尔区在煤炭和钢铁危机后一度走向衰退，出现经济衰退、失业率高、环境污染等问题，在20世纪60年代开始进行产业转型后，鲁尔区取得了显著的成效。鲁尔区由最初单一的煤钢主导的经济结构转化为以新兴产业为支柱，产业多样化的综合工业区。鲁尔区的成功转型对于资源型地区的产业转型具有十分重要的借鉴意义。

一、鲁尔区基本情况

（一）基本情况

鲁尔区位于德国西部、莱茵河下游支流鲁尔河与利珀河之间的地区，属于北莱茵—威斯特法伦州（以下简称北威州）境内。该地区面积约4434平方公里，由11直辖市和4个县级市组成，区内人口和城市十分密集，其中人口达540万人，区内5万人以上人口的城市有24个，其中埃森、多特蒙德和杜伊斯堡的人口均超过50万人。鲁尔区是欧洲人口密度第三位的都市区，仅次于巴黎、伦敦。18世纪初，随着煤炭资源的开采以及钢铁业的发展，沿鲁尔峡谷逐步形成了典型的传统工业地域，在19世纪中叶开始迅速发展，特点是以采煤业、钢铁业为主导产业，逐渐开始发展化学、机械制造、电力等重工业，形成了部门结构复杂、内部联系密切、高度集中的地区工业综合体。作为德国重要的能源基地、钢铁基地和重型机械制造基地，鲁尔区曾被称为“德国工业的心脏”，对二战后德国经济的复苏和起飞发挥了重要的作用，为德国经济的发展提供了重要的物质基础。

在20世纪50年代，煤炭工业由于受到来自石油和天然气的竞争压力，加上煤炭资源的逐渐枯竭，于1958年前后，产生了“煤炭危机”，鲁尔区的煤炭销量开始大幅下滑，整个工业体系出现了衰退的状况。鲁尔区的采煤矿井在1950年达到160余个，到1969年只剩60个，同期内煤炭工业就业人数从120万人减少到50万人。此后，钢铁行业也逐渐呈现出供求不匹配的现象，即产量不断增加而市场需求量却不断减少，在1974年德国又陷入了“钢铁危机”，严重影响了鲁尔区的工业发展，使得鲁尔区的工业进一步走向衰退。持久的煤炭危机和钢铁危机导致鲁尔区内原有的许多煤矿和钢铁厂关闭，产生了大量的失业人员。同时，矿区内生产集中于采煤、钢铁、煤化工、重型机械四大工业部门的重型生产结构过于单一，一旦某一部门衰落则将会引起鲁尔区整体生产的衰落。因此造成了鲁尔区经济衰退，就业人口减少，失业率居高，区内多部门企业被迫关闭以及环境质量不断恶化等诸多问题。

为了走出经济增长的困境，从20世纪60年代初开始，德国政府采取了一系列措施对鲁尔区内的产业进行重新规划和整治，鲁尔区开始进行长达数十年的经济结构的调整，并取得了显著的成效。鲁尔区由传统的煤钢生产基地，转型成为以高新技术产业为引领、多种产业协同发展的综合工业区。

（二）转型历程

在经历了煤炭和钢铁危机之后，为转变过度依赖资源的经济增长方式，走出经济发展的低谷，鲁尔区从20世纪60年代开始制定了多项产业转型措施，开展历经数十年的产业调整与改造工作。

1. 对传统产业进行改造阶段

从20世纪60年代开始，面对日益严重的经济和社会问题，鲁尔区首先选择对传统的以煤炭、钢铁为主导的传统产业进行大规模的改造，并在1969年制定了《鲁尔区域整治规划》，提出“以煤钢为基础，发展新兴产业，改善经济结构”的总体目标。对于污染严重、能源消耗量大的煤钢产业，鲁尔区采取改建、合并、转让的方式进行整治；对于区内规模较小、技术水平较低的小型煤钢产业，鲁尔区采取停业、关闭的方式进行治理；对于区内由于传统煤钢产业发展所造成的环境污染和破坏，鲁尔区在制定相关法规的基础上，建立专门的环保机构进行改造。

2. 发展新兴产业阶段

从20世纪70年代开始，鲁尔区在改造传统工业的基础上逐步发展石油化工、电子信息产业、生物、医疗技术和计算机通信等主要的新兴产业。依据《北莱茵—威斯特法伦州发展计划1和2》，鲁尔区在1970年提出通过提供经济和技术方面的资助，发展新兴产业，实现经济结构的调整。例如，在石油化工行业，从鹿特丹及威廉港通往鲁尔区的输油管的建成，使得石油提炼和石油化工产业得以快速发展。第二次世界大战以前，鲁尔区以煤化学工业为主，只有两个规模不大的炼油厂，目前已拥有10多个炼油厂，炼油能力达到30000kt / a。在生物、医疗技术和计算机通信等高新技术领域，鲁尔区通过积极引入资金、技术和人才来培育和发展。

3. 产业结构多样化阶段

20 世纪 80 年代以后，鲁尔区注重发挥不同地区的区域优势，政府制定的产业政策主要围绕产业结构多样化展开，如多特蒙德依托众多的高校和科研机构，大力发展软件业；杜伊斯堡发挥其港口优势，成为贸易中心，建立了“内陆船运博物馆”；埃森市则凭借其广阔的森林和湖泊，成为当地的休闲和服务中心。鲁尔区产业结构多样化还体现在大型企业层面，例如鲁尔煤炭公司，核心产业是煤炭，在多元化时期还积极发展发电、化学、塑料以及土地复垦、环保、矿山技术等相关产业，促进企业朝多样化方向发展。

二、鲁尔区的转型经验

（一）传统产业改造与新兴产业培育并重

推动传统产业改造升级。为了转变经济增长对煤炭、钢铁这两大传统产业的过度依赖，鲁尔区在经济结构调整中优先选择传统产业进行改造。从 1966 年到 1976 年，这期间德国政府共拨款 150 亿马克用以支持煤矿的清理整顿，首先将不盈利或者利润低微以及技术水平落后的规模较小的煤矿进行关闭，其次，对能源消耗量大、环境污染严重的煤化工厂和炼钢厂进行兼并重组，将采煤业集中到盈利多和机械化水平较高的大矿井和大型煤炭或钢铁公司，其中克虏伯、曼内斯曼、鲁尔煤炭等是鲁尔区内排名前几位的大公司，从而实现资源配置效率的最佳和经济效益的最大化。钢铁工业也在市场发生逆转之后开始进行布局和结构的调整，主要进行设备改造和技术升级。1968 年，北威州政府出台了《鲁尔发展纲要》，主要是对矿区进行清理整顿，对炼钢厂采取改建、合并、转让等形式。在此指导下，区内的一些大型钢铁企业积极进行合并重组，例如，于1999年正式合并的蒂森和克虏伯两大企业通过优势互补、发展具有潜力和高附加值的产品，扩大了经营规模、降低了生产成本、提高了企业竞争力，目前排名已进入世界500强。

培育发展新兴产业。在改造升级传统的煤钢产业的基础上，鲁尔区还高度重视区内新兴产业的引入和培育。鲁尔区培育发展新兴产业的主要做法是优化投资环境、积极引入新企业。为鼓励新兴产业在区内落户，北威州政府规定凡是信息技术等新兴产业的企业在当地落户，将给予大型企业投资者28%、小型企业投资者18%的经济补贴；1972年至1980年，鲁尔区协会为3.5万个新投资项目提供了890亿马克的经济补贴。利用优惠的鼓励政策和良好的基础设施，鲁尔区吸引了大量的新兴工业产业入驻区内，1958—1973年，鲁尔区内新建和迁入的企业约450余家，主要集中在化工、电子、汽车、炼油、服装等这些非资源型产业领域。通过发展新兴产业，使得鲁尔区的经济结构不断完善，区内以煤炭、钢铁为主的大型重工业结构不断朝着均衡、合理的方向发展，增强了经济增长的活力，同时为鲁尔区提供了大量的就业机会，开辟了多种新兴职业和岗位，有利于缓解该地区失业人口过多的压力。

（二）打造多元化产业结构

产业结构多样化是经济转型发展的一条必经之路，鲁尔区在因地制宜的基础上，充分利用区内工业遗迹多而密的优势，将培育发展文化创意产业和工业旅游产业作为产业结构多元化的一项重要举措。1989年，鲁尔区开始实施国际建筑展览10年行动计划，充分利用老工业区的废弃建筑物，将传统的废弃的工业区转换成科学园、商务区、旅游园区等模式，并规划一条集旅游、娱乐、工业遗迹为一体的“工业遗产之路”。在鲁尔区众多的工业遗迹中，以1854年已经关闭的“亨利钢铁厂”和“关税同盟”煤炭—焦化厂为代表，如今已改造成工业博物馆，由原工厂的职工担任馆内导游，增强了工业遗迹的真实感和历史感，吸引了大批游客，为鲁尔区创造了很大的经济价值。同时，鲁尔区努力培育发展文化产业，区内拥有200多座博物馆、100多座文化中心、100多座音乐厅、250个节庆与庆典活动、3500余个工业保护遗址。2001年鲁尔区被列入联合国建科文组织的世界文化遗产名录，被称为是“世界上最美的煤矿工业区”；2006年，鲁尔区当选为“欧洲文化首都”。工业旅游产业与文化创意产业的培育和发展，完善了鲁尔区的经济结构和产业功能，促进了鲁尔区的产业转型。

（三）发挥政府对产业转型的主导作用

政府提供资金补贴。对于传统的煤炭、钢铁产业，政府在其转型过程中首先制定了一系列相关的法律法规以及建立相关机构对传统产业转型进行监管。从20世纪60年代开始，政府先后制定了《煤矿改造法》、《投资补贴法》等法律法规，对传统产业改造进行指导规划。其次，德国政府主要通过制定优惠政策和提供资金补贴两条路径来支持传统产业的改造和升级，以提高其市场竞争力。例如，在煤炭行业，政府的价格补贴是核心内容。联邦政府为鲁尔集团每吨煤炭提供近200马克的价格补贴，用以支持煤炭企业的发展。此外，政府还为煤钢企业提供税收和贷款的优惠政策。例如，为鲁尔煤炭公司每年减免税款2亿马克；从1972年开始的5年间，政府共给予优惠贷款23亿马克。这些措施为鲁尔区传统产业的改造提供了资金保障和有力的物质支撑。

政府提供教育科技支持，实现“产学研”结合。在对传统产业进行改造的同时，政府注重对教育和科研的投入，努力促进科技成果的转化应用。在教育方面，继1962年战后建立的第一所大学——波鸿鲁尔大学后，鲁尔区又逐渐建立起14所大专院校，包括6所综合性大学和8所专科院校，如埃森大学、杜伊斯堡内河航运学院、多特蒙德大学等，现已成为欧洲高校密度最大的工业区。在科学技术的发展方面，1979年，联邦政府与各级地方政府等相关部门联合制订了“鲁尔行动计划”，其中一项核心举措是要建立多种技术中心，促进新技术产业的发展。另外，政府通过推进“产学研”结合来发展高技术新兴产业，如建立创业园区和技术创新基地等，还建立起一条从多特蒙德经过波鸿、埃森、哈根直到杜伊斯堡的横贯全区的“技术之路”，使得信息技术、通信、计算机等新兴产业取得了长足发展。

（四）注重生态治理和环境保护，创造产业新价值

在对传统工业改造的过程中，政府注重对矿区环境污染的治理，例如对煤炭开采后产生的大量煤矸石进行处理时，在政府规划选址后再进行造山复土工作，最后进行植树造林、绿化美化煤矸石山，扩大了矿区的绿化面积。通过将昔日的矿山改造为“森林公园”，吸引了大批游客，既改善了老矿区的环境与生态，又为当地创造了大量的收入。其次，为产业转型创造良好的投资环境和生活环境，政府还颁布了一系列的环境保护法令，例如《联邦污染防治法》，设定了 SO_2、NO_X、颗粒物等有害物质对人体产生危害的指标，针对大型工业企业制定了更严格的排放标准。通过相关环境法律法规的制定和监管机构的设立，在经历了数十年的环境治理后，北威州建立了近1600家环保企业，鲁尔区的环境污染状况得到有效改善，成为德国居于领先地位的环境保护技术中心。

第二节　英国纽卡斯尔的经验

纽卡斯尔市是英国著名的“海煤之城”，曾经是英国重要的煤炭工业城市和最大的煤炭港口。经历了以煤炭产业为主阶段的繁荣、衰落后，转型成为以创意产业为中心的现代化城市。因此，其转型发展的经验值得我国煤炭资源型城市关注与借鉴。

一、基本情况

纽卡斯尔位于英格兰东北部，属于诺森伯兰郡。其东临北海，北连苏格兰，西邻英格兰的坎布里亚郡，南接达勒姆地区。泰恩河穿城而过。泰恩河流域地区拥有丰裕的煤炭资源，煤田分布集中，且主要遍布在下游地区，而纽卡斯尔正处于下泰恩河产煤地区。建城之初，它只是一个以军事防御为主的城堡，16 世纪初之前的采煤业规模很小，也没有形成真正的煤炭贸易。之后，因矿业权回归市民、煤矿开采技术和运输方式的巨大变化，尤其是工业革命的发生促使煤炭需求量激增，煤炭产量飞速上升。纽卡斯尔凭借着丰富的煤炭资源和临河的地理优势，迅速成为英国当时最重要的“海煤之城”。17 世纪末，伦敦贸易总量的约 40% 是来自纽卡斯尔的煤炭。正是与伦敦的煤炭贸易促进了这座城市的初期工业化，但过度依赖原材料出口导致城市的经济失去了自主性，发展受到限制。19 世纪，纽卡斯尔就开始了工业城市转型，造船业、制盐业、玻璃制造业、机器制造业等均逐渐建立起来。但伴随煤炭和造船业等的相继衰落，纽卡斯尔也一度陷入衰退。

上世纪 80 年代以来，在英国政府的大力扶持下，纽卡斯尔积极着力发展科技创新、文化创意和教育产业，通过产业转型，重新成为了英国以创意产业为中心的重要城市。

二、纽卡斯尔的转型经验

（一）建设大都市区

整合区域空间，建设大都市区，发展煤炭贸易相关产业。19 世纪，纽卡斯尔提出“大都市区”概念，开始将纽卡斯尔建成一个卫星城环绕的城市，并与泰恩河周边城镇形成区域多节点整合，从而带动整个区域的协调发展。为了促进区域空间整合，纽卡斯尔做出了许多努力，如疏浚河道、修建船坞等，其附近的城镇，如桑德兰也进行了港口的修缮等工作。伴随周边城镇基础设施的逐步完善，纽卡斯尔和附近城镇之间便利的联系通道得以形成，促进了城市间的人口流动、区域的商贸往来和整个区域经济的空间联系。工人也从城市中心地区逐渐分散到附近的城镇，由此促进了城乡一体化的形成。而且这种区域多节点大整合使各城镇地区可以依靠各自的优势特色发展互补经济。从 1851 年到 1911 年，泰恩河沿岸各城市发展迅速，除了采煤业，各城镇还形成了服务煤炭贸易的具有自身特色的行业，如盖茨黑德发展了铁路服务业，桑德兰培育了造船业等。从整体来看，形成了以纽卡斯尔为中心的大都市区，城市功能增强，工业和商业等行业成长迅速并逐渐成为了区域经济发展的主要产业。

（二）培育新兴行业

培育具有创新精神的中小企业与新兴行业，促进经济多元化与复杂化。在17世纪后叶以来的半个多世纪里，借力“区域空间整合”确实带动了整个泰恩河沿岸地区的经济发展。但是，纽卡斯尔的经济发展依然存在问题：一是高度依赖煤炭及其出口贸易；二是在煤炭及贸易业领域成长起来的传统大型企业缺乏创新和技术进步的动力与条件，伴随经济发展社会进步，越来越成为区域继续发展的阻力。纽卡斯尔当局认识到，如果这些大型企业一直主导纽卡斯尔的经济发展，那么纽卡斯尔迎来的只有停滞不前，甚至退步。因此，积极推进城市创新，培育更加具有创新精神的中小型企业。资料显示，从1801年到1883年，纽卡斯尔的企业数量从1526家增加到9210家，企业数量翻了六倍；企业类型总数则翻了三倍，出现了新型制造业。而且，服务性行业也发展迅猛，代理机构和旅行业所占的比例大大增加，经销商和零售商的类型迅速增多。特别是新兴生产性服务类职业大量出现，如从1801年时的工程师细化为咨询类、机械类、海事类工程师等，经纪人行业则演进为船舶与保险类、股票与风险类经纪人等。大量中小型企业孕育了众多新兴行业，这些新行业的兴起极大地促进了纽卡斯尔的创新活动，从而推进了区域经济的多元化和复杂化。

（三）繁荣都市文化

繁荣都市文化，厚实人力资本，创建文化机构与学术团体。作为早期英国的重工业基地，纽卡斯尔也曾经是低技能工人的集聚地。但从19世纪末期始，开始特别注重丰富城市文化，如1880年在New Bridge Street开放了新的公共图书馆；1878年创建艺术协会举办了一系列的年度艺术展览；1884 年建成了汉考克博物馆；等等。这些载体创造了大量让公众接触文化的机会。受其影响，各种各样的研究学会、文化机构开始建立，涌现出一大批学者。学者们向当地民众传播新思想，分析商业经济、区域内外关系等，在很大程度上带动了纽卡斯尔的经济发展。而且因其成熟的都市文化氛围吸引了大量的受到过高等教育的人才汇聚于纽卡斯尔，快速增加并升级了当地的人力资本，使得整座城市充满了生机。成熟的都市文化、优秀的学者专家、盛行的学术团体等为纽卡斯尔的爆发式经济增长做出巨大贡献。

（四）政府扶植

政府扶植，并驱科技、创意与教育，打造创意教育产业中心。从 20 世纪 80 年代开始，纽卡斯尔在创建纽卡斯尔大学、诺桑比亚大学等基础上，开始大力发展科技创新、文化创意和教育产业。据有关资料，英国政府在 2004 年时就把纽卡斯尔城市列入了英国“科学城”建设计划，支持其发展能源和医药等方面的科技活动。而且，还投资了 2.5 亿英镑扶持纽卡斯尔打造世界级的创意园区，泰恩河畔的一个面粉厂被改造成了波罗的海当代艺术中心。同时，教育产业也风生水起。诺桑比亚大学杰出的教学质量享誉英国，吸引来自全球的学子前往求学；纽卡斯尔大学设置的各类文化创意专业深受各国学子追捧。在科技、教育等驱动下，纽卡斯尔的创意产业中心地位得以确立，城市重新走进繁荣。

第三节　国际经验启示

以德国鲁尔区、英国纽卡斯尔等为作为典型代表的资源型地区，在早期的经济发展中存在经济结构单一、主要依赖传统资源型工业发展的问题，同时产业结构具有资源依赖性、低层次以及低附加值的特点，随着国际市场的变化，这些问题的弊端日益突出，不仅仅是鲁尔区，其他资源型地区同样面临着产业转型的迫切要求。鲁尔区作为典型的资源型地区，在通过产业转型实现经济结构的多元化、摆脱由于资源开采而造成的路径依赖等方面的做法，对于资源型地区实现经济转型与发展具有重要启示。

一、注重传统产业提升与新兴产业培育相结合

传统产业是一个地区工业、农业、建筑业和第三产业的基础，但其存在资源消耗大、环境污染严重等历史问题和技术进步缓慢、经济效益不佳等新问题，因此，对传统产业的改造升级是资源型地区产业转型的重要内容。政府应该主动支持传统产业的改造，淘汰落后产能、兼并重组落后设备，并为其提供产业政策支持和财政资金支持，充分发挥政府对传统产业改造的指导作用。另外，政府通过资金和技术扶助，帮助园

区内企业开发新产品。政府除了对传统产业进行改造升级外，还要积极培育壮大新兴产业。一方面，传统产业为新兴产业的培育和发展提供了能源与原材料，传统产业生产效率的提高、技术水平的进步、产品品质的提升是新兴产业获得清洁能源、优质基础原料的重要保障。另一方面，新兴产业的发展和壮大也会进一步促进传统产业的改造与升级。例如，新能源、节能环保产业的发展有助于缓解传统产业发展中面临的资源、环境“瓶颈”，促进传统产业实现循环生产，也在一定程度上促进了经济结构的合理化。

二、产业转型要走产业多元化道路

资源型地区如果仅仅依赖其优势资源来发展经济，会使资源型产业的生命周期被缩短，同时产业结构的单一性也无法更好的促进该地区的发展，因此，必须积极发展替代产业，培育新的支柱产业，实行多元化的经济增长模式。其中最值得借鉴鲁尔区的做法的是，利用资源型地区的优势发展文化创意产业和工业旅游产业。对于资源型地区面临淘汰无法再次使用的基础设施等，不是一味地拆除，而是选择其中具有特色的设施加以保留和利用，可以进一步开发、改造成为工业遗址公园、工业博物馆、创意产业园区等，这样做既创造了一定的商业价值，又保留了资源型地区独特的工业文明印记。通过产业多元化战略，不仅可以实现资源型地区就业机会和就业结构的多样化，减低失业率，而且可以延伸区域内的产业链条，促进产业结构的完善。

三、坚持以政府政策支持为主导，以长期规划为指导

在资源型地区的经济转型的过程中，政府起着十分重要的作用。德国政府制定了一系列产业转型政策，颁布了治理区内环境的法律法规，

同时为传统产业的改造、新兴产业的培育以及产业多元化的发展提供了大量的资金支持，为转型成功提供了重要保障。因此，资源型地区在经济转型中，政府应该发挥积极作用，从制度、法律、财政等方面对原有的传统工业的改造给予支持，同时又为新兴产业的培育发展提供良好的外部条件和环境，并制定相关的经济政策调动区内各方面的积极性，从而有利于打破资源型地区经济发展的路径依赖。同时资源型地区的经济转型是一项长期而艰巨的历史任务，不是一蹴而就的，因此，政府要制定相应的发展规划对经济转型给予指导，发挥规划的引导作用。在转型发展过程中，政府要高度重视发展规划的作用，坚持规划先行并严格执行。

四、注重产业与生态的协同发展

资源型地区往往是在原有的自然资源禀赋基础上逐渐发展起来的，实现经济增长的同时往往伴随着环境污染、生态破坏等问题。因此，政府应该做好对环境的治理与生态的修复工作，美化环境、提升生活质量，为经济发展创造良好的环境条件，从而使转型发展进入良性循环。鲁尔区成立专门的整治部门负责处理老工业区遗留下来的土地破坏以及环境污染等问题，通过多年推进产业转型、环境污染治理、社会环保意识提升等系列举措，鲁尔区由传统的高能耗、高污染型城市转变为空气清新、产业绿色、环境优美的生态型城市。因此，在产业转型过程中，政府可以建立有关机构对资源型地区的整治与改造进行监管，同时可以制定相关法律法规为当地的环境保护提供法律保障。加快发展方式的转变，推进生态文明建设，是资源型地区实现经济绿色增长、节能减排、生态与产业协调发展的重要举措。

第八章

经济社会发展对策

以习近平新时代我国特色社会主义思想为指导，按照高质量发展要求，贯彻“创新、协调、绿色、开放、共享”五大发展理念，坚持以供给侧结构性改革为主线，坚持深化市场化改革、扩大高水平开放，加快建设现代化经济体系，推进惠民生、保稳定工作，促进我国经济持续健康发展和社会大局稳定。

第一节　推动产业高质量发展

当前我国已经进入到一个新时代，经济发展也进入到高质量发展阶段，高质量发展要求我们把经济工作的重点必须放在优化产业结构上，推动制造业高质量发展，加快推进传统产业改造升级，加快发展新兴产业。

一、推动制造业高质量发展

制定实施大力推动制造业高质量发展的部署方案，培育发展先进制造业集群。继续推进结构性去产能，健全各方面责任共担和损失分担机制，稳步推进企业优胜劣汰，加快处置“僵尸企业”，制定退出实施办法。将降低企业杠杆率与企业兼并重组、产业整合有机结合，稳妥做好去产能职工分流安置工作。推进先进制造业与现代服务业深度融合，出台实施深化新一代信息技术与制造业融合发展的指导意见，推动工业互联网创新发展与智能制造、电子商务有机结合、互促共进，积极推动传统制造业加速向数字化、网络化、智能化发展，推进制造业物流业融合发展。制定出台服务业高质量发展行动纲要，深入开展服务业综合改革试点。

二、大力培育新兴产业集群

产业集群是相互关联的企业在同一区域形成产业链接和聚集发展，并形成一定规模和竞争优势的经济群体，是现代工业经济发展的重要形态和区域经济发展的强力“助推器”。加快产业集群发展，有利于发挥企业优势，实现资源配置优化和生产要素有效集中，促进企业集聚、行业整合、产业集中，推动产业结构调整和优化升级。加快制定产业集群发展规划。坚持“高起点、高标准、布局合理、适度超前”原则，以政府为主导，龙头骨干企业为主体，遵循产业集群形成、演进、升级的内在规律，与产业调整振兴规划相结合，对产业集群发展进行科学规划为产业集群发展提供科学依据和行动指南。支持以符合条件的开发区为载体，创建战略性新兴产业集聚发展基地，制定基地认定标准及管理办法，实行每年动态考评管理，评为优秀的，推荐申报国家产业基地，并予以表彰，同时在项目建设扶持上给予倾斜；评为合格的，保留省级基地称号；评为不合格的，取消省级基地称号。统筹安排战略性新兴产业集聚发展基地建设扶持资金，重点支持基地内新兴产业重大项目、新产品研发和关键技术产业化、关键零部件及新工艺示范应用、公共技术研发服务平台和检验检测平台。突出抓好产业链条延伸，以产业集群主导产业为基础，明确产业延伸的方向和重点，发展研发、制造、销售、物流及其它生产性服务业一体化的产业链体系，提高产业协作配套水平。大力发展生产性服务业，鼓励行业龙头骨干企业在研究开发、仓储物流、市场营销、后勤保障等非制造环节，为产业集群内的其它企业提供社会化服务。

三、推动传统产业改造提升

中央对构建现代化经济体系作出战略部署，新旧动能转化步伐将进一步加快。深入实施供给侧结构性改革，坚决完成钢铁、煤电去产能任务。钢铁行业要按照减量升级的基本思路，积极推进兼并重组、装备升级和产业布局优化。禁止建设新增产能钢铁。建立分类处置机制，对主业前景好、资金短期有压力的企业，引导金融机构进一步加大信贷等综合支持力度，对于主动退出、实施转产转型的企业，优先给予信贷及政策支持。引导企业积极主动寻求电解铝置换产能。鼓励发展煤—电—铝、煤—焦—化、煤—气—化、煤—电—材等资源循环产业链。支持焦化企业按照化产加工技术路径，加强技术创新，培育壮大焦化化产加工产业，推进重点化产项目建设。鼓励通过煤电一体化、长期合同等方式，进一步规划、扩大大用户直供电范围。支持电解铝企业通过大用户直供电平台降低生产运行成本。积极承接产业转移，破解电解铝产业发展“瓶颈”。

第二节　推进全方位高水平开放

我国已经进入了实现中华民族伟大复兴的关键阶段。我国与世界的关系在发生深刻变化，同国际社会的互联互动也已变得空前紧密，对世界的依靠、对国际事务的参与在不断加深，世界对我国的依靠、对我国的影响也在不断加深。世界经济互相渗透，高度融合，必须站在世界看中国，跳出国内谋发展，充分利用好国内国外两种资源、两个市场。

一、深入推进“一带一路”国际合作

办好“一带一路”国际合作高峰论坛。加强我国与沿线国家的发展规划对接。以基础设施等重大项目建设和产能合作为重点，解决好金融支撑、投资环境、风险管控、安全保障等关键问题，加强文化交流与人才合作，确保更多合作成果落地。深入推进数字丝绸之路建设合作，推动中国—东盟智慧城市网络合作。高质量建设境外经贸合作区、产能合作园区等平台。推动中欧班列高质量发展，加快“丝路电商”全球布局。务实推进与法国、德国、日本、新加坡等国家第三方市场合作和创新合作，积极推进与太平洋岛国的经贸、旅游等务实合作。加快沿边开发开放步伐，推动沿边重点开发开放试验区和跨境经济合作区建设。

支持东北地区打造我国向北开放的重要窗口和东北亚地区合作的中心枢纽。

二、推动外贸向质量效益型转变

进一步压缩整体通关时间，降低进出口合规成本，大力推进“经认证的经营者”（AEO）国际互认合作，提升贸易便利化水平。加大对出口信用保险保单融资、出口退税账户质押融资等政策支持力度，推动出口市场多元化。办好中国国际进口博览会，增加先进技术设备、关键零部件以及短缺的能源资源、农产品进口，促进对外贸易平衡发展。优化进出口结构，巩固传统竞争优势，加快培育以技术、标准、品牌、质量、服务为核心的综合竞争优势，促进服务贸易创新发展，加快服务外包转型升级，积极发展跨境电商，推动外贸向质量效益型转变。

三、加大吸引外资力度

出台实施外商投资法，缩减外商投资准入负面清单，全面清理取消负面清单以外领域针对外资设置的准入限制。稳步推进金融业开放，吸引更多长期资金流入，有效发挥国际长期资本的作用。制定鼓励外商投资产业目录，扩大鼓励外商投资范围，吸引跨国公司来华投资并设立生产研发基地。健全外资项目服务机制，推动一批规模大、示范性强的重点项目落地。完善外资安全审查机制。稳步推进外债登记制管理改革，提升监管水平。推进国家级经开区、高新区等各类开发区创新提升，增强辐射带动作用。研究出台推动自贸试验区进一步扩大开放和创新发展的改革措施。增设上海自贸试验区新片区，将支持自贸试验区及全面创新改革试验区的出入境政策措施推广至全国。深入落实支持海南全面深化改革开放的各项政策举措，高质量建设全岛自贸试验区，探索建设中国特色自由贸易港。

四、发挥国家级经开区平台作用

支持国家级经济开发区拓展利用外资方式，提高引资质量，重点引进跨国公司地区总部、研发、财务、采购、销售、物流、结算等功能性机构。地方人民政府可依法、合规在外商投资项目前期准备等方面给予支持。支持区内企业开展上市、业务重组等。不断优化外商投资导向，对从事鼓励类项目且在完善产业链等方面发挥重要作用的外商投资企业予以支持。地方人民政府可统筹上级转移支付资金和自有资金，对符合条件的国家级经济开发区基础设施建设、物流交通、承接产业转移、优化投资环境等项目，提供相应支持。

支持国家级经济开发区优化营商环境，推动其在“放管服”改革方面走在前列，依法精简投资项目准入手续，简化审批程序，下放市级经济管理审批权限，实施先建后验管理新模式。深化投资项目审批全流程改革，推行容缺审批、告知承诺制等管理方式。全面开展工程建设项目审批制度改革，统一审批流程，支持地方人民政府对有条件的国家级经济开发区开发建设主体进行资产重组、股权结构调整优化，引入民营资本和外国投资者，开发运营特色产业园等园区，并在准入、投融资、服务便利化等方面给予支持。统一信息数据平台，统一审批管理体系，统一监管方式。支持国家级经济开发区创新选人用人机制，经批准可实行聘任制、绩效考核制等，允许实行兼职兼薪、年薪制、协议工资制等多种分配方式。支持国家级经济开发区按市场化原则开展招商、企业入驻服务等，允许国家级经济开发区制定业绩考核办法时将招商成果、服务成效等纳入考核激励。

在保障信息安全的前提下，支持国家级经济开发区与人民政府相关机构共享公共资源交易、人口、交通、空间地理等信息。国家级经济开发区可在国土空间基础信息平台的基础上建设城市空间基础信息平台。推动国家级经开区完善高水平商贸旅游、医疗养老、文化教育等功能配套，规划建设城市综合体、中央商务区、专家公寓等。对公共服务重点项目，地方人民政府和国家级经济开发区可提供运营支持。支持有条件的国家级经济开发区建设国际化社区和外籍人员子女学校。

第三节　促进区域协调发展

围绕解决发展不平衡不充分问题，推动乡村振兴和区域发展重大战略落地见效，着力提升新型城镇化质量，缩小城乡区域发展差距。

一、持续推进乡村振兴战略

加强各类规划的统筹管理和系统衔接，结合发展实际，明确本地区本部门乡村振兴的具体思路、目标和任务，细化实化政策措施，增强可操作性。推进城乡规划一体化，把城市和乡村作为一个整体，通盘考虑、统筹谋划、功能互补、一体设计、多规合一，要合理划定城镇开发边界、永久基本农田、生态保护三条红线和城镇、农业、生态三类空间。建立规划实施和工作推进机制，加强政策衔接和工作协调，加快落实实施乡村振兴战略的产业政策、创新政策、投资政策、金融政策、土地政策等，定期解决难点、热点问题。坚持一村一策，规划在前，不能一哄而上，要因地制宜制定乡村建设长期规划，选择条件较好的村先行开展规划建设管理，不追求固定模式，不复制其他先进模式，结合本村实际，因村制宜，突出特色，追求个性，彰显魅力，体现一村一品、一村一韵，建设一批山水人文特色的精品村，一片一片地推进，形成集群效应，形成特色鲜明的美丽乡村片区。推动乡村产业振兴，产业发展是乡村发展的动力源，因地制宜地发展生态农业、乡村旅游、避暑经济、休闲养老、文化创意、文明公益等新型业态，不断增加群众收入，增强乡村发展的内生动力，促进乡村的可持续发展。推动乡村文化振兴，充分挖掘乡贤文明，村庄文化习俗特色，利用旧建筑、古民居、老祠堂等，搞好历史文化的保护与开发。注意挖掘发展文化资源，利用好村里现有的文化阵地，传承文化，宣传文化，发展文化，传播正能量，提升乡风文明。推动乡村生态振兴，牢固树立和践行“绿水青山就是金山银山”的理念，坚持尊重自然、顺应自然、保护自然，统筹山水林田湖草系统治理，加快转变生产生活方式，推动乡村生态振兴，建设生活环境整洁优美、生态系统稳定健康、人与自然和谐共生的生态宜居美丽乡村。推动乡村组织振兴，持续加强农村“三基建设”，建立健全党委领导、政府负责、社会协同、公众参与、法治保障的现代乡村社会治理体制，不断健全自治、法治、德治相结合的乡村治理体系，确保广大农民安居乐业，农村社会安定有序。实现乡村生活富裕，坚持把农民作为乡村美好生活的中心与重心，坚持在发展中保障和改善农民生活，围绕农民群众最关心、最直接、最现实的利益问题，加快农村基础设施建设，提升农村公共服务水平，推动农民就业创业，促进农民持续增收，创造乡村美好新生活。

二、推进以人为核心的新型城镇化

建立健全城乡融合发展体制机制和政策体系，推进城乡融合发展。推动落实 1 亿非户籍人口在城市落户目标，加快推进户籍制度改革，推进租赁房屋的常住人口在城市公共户口落户。加快城市群一体化体制机制建设，增强中心城市辐射带动力，加强交通设施联通，优化产业布局。持续提升城市品质，推进城区老工业区、城镇人口密集区危险化学品生产企业等搬迁改造，有序推动城市老旧小区改造，支持加装电梯和无障碍环境建设，积极打造新型智慧城市，推进地下综合管廊、海绵城市和城市排水防涝设施建设。规范有序建设特色小镇。加快建立多元可持续的城镇化资金保障机制。

三、着力推动区域协调发展

制定西部开发开放新的政策措施，推进西部大开发形成新格局，推动西部地区生态环境、营商环境、开放环境、创新环境明显改善。支持东北地区深化改革创新推动高质量发展，加快落实优化营商环境、深化国企改革、促进民营经济发展等政策举措。支持中部地区发挥优势，夯实制造业基础，有力有序承接国内外产业转移。支持中西部和东北地区建设科技成果转移转化示范区。推进实施淮河生态经济带发展规划。加大力度支持革命老区、民族地区、边疆地区、贫困地区加快发展，深入实施兴边富民行动，积极促进资源型地区经济转型发展。推动国家级新区高质量发展，积极推动和支持临空经济示范区、自主创新示范区等平台建设。制定坚持陆海统筹、加快建设海洋强国政策及规划，推动海洋经济高质量发展。

四、深入实施国家重大区域战略

促进京津冀协同发展，积极稳妥有序推进北京非首都功能疏解，出台实施雄安新区相关规划及改革开放配套实施方案，推进交通、生态、公共服务等基础设施项目建设，持续推动北京城市副中心建设，建好首都水源涵养功能区与生态环境支撑区。深入推动长江经济带发展，按照统筹山水林田湖草系统治理的思路，扎实推进“三水共治”和生态环境治理“4+1”工程，发挥铁路、公路、水运各自优势整体设计综合运输体系。将长江三角洲区域一体化发展上升为国家战略，制定实施发展规划纲要。编制粤港澳大湾区产业发展、基础设施、生态环境等专项规划，支持深圳前海、广州南沙、珠海横琴等粤港澳合作发展平台建设。

第四节　加强生态文明建设

习近平生态文明思想是习近平新时代中国特色社会主义思想的重要组成部分，是建设美丽中国的行动指南、推进生态文明建设的根本遵循。加强生态文明建设，更多运用市场机制和技术手段，把资源环境压力转换为发展动力。

一、加快构建绿色产业体系

（一）统筹产业发展布局

按照主体功能区规划和生态功能区划要求，在充分分析区域环境容量和承载力的基础上，统筹产业发展布局，重大项目原则上布局在重点开发区，禁止在生态脆弱和环境敏感地区建设“两高”行业项目。严守生态保护红线，严禁涉及自然保护区、风景名胜区、饮用水水源保护区、泉域重点保护区和世界文化遗产地等环境敏感区。进一步调整和优化现有产业发展规模结构，严格限制“两高一剩”（高污染、高耗能和产能过剩）行业项目盲目扩张。

（二）培育发展绿色产业

积极培育环境友好型、资源节约型和效益优良型，符合未来产业发展趋势的产业。发展绿色产业有利于改善产业结构，促进经济绿色化转型。各地可根据本地的资源禀赋特征，选择性地发展绿色产业，具体包括大数据、电子信息等新兴产业，循环农业、林业经济和林下经济等绿色农业，生态旅游、健康养老、休闲度假等绿色服务业。打造“点、线、面、体”一体化的产业组织，形成网络化的产业发展格局。以供给侧结构性改革为契机，依法运用各种政策手段，如环保、安全、技术标准等政策手段，对高污染、高能耗、过剩产能的传统产业进行绿色化改造，使之符合环保的要求。推行循环生产方式，促进资源利用率提升。当前，对于已建成的传统产业园要进行循环化改造，新建和正在建设中的产业园要按循环化的理念设计、建设。通过废物交换利用、能量梯级利用、水的分类利用和循环使用，促进企业循环式生产、园区循环式发展、产业循环式耦合，构建循环性工业体系，实现绿色循环低碳发展。

二、加强环境污染监督管理

环境保护基础设施应与产业园区建设同步规划、同步建设、同步使用。同步规划、建设污水、垃圾集中处理等污染治理设施，安装自动在线监控装置。分区域规划建设固体废物和危险废物集中处置设施。建立突发环境事件应急监管体系，完善环境风险源、敏感目标、环境应急能力及环境应急预案等。按照“双随机、一公开”的要求，加强环境保护事中、事后监督管理，依法对环境违法行为实施按日连续处罚、查封扣押、责令限产停产或由环境保护部门报经政府责令停业、关闭等处罚。依法推进企业环境信息公开，接受社会监督。

三、推进资源有偿使用改革

对生态功能重要的国有土地要坚持保护优先，依照法律规定和规划允许进行经营性开发利用的，要设立严格的审批条件和程序。鼓励可以使用划拨用地的公共服务项目有偿使用国有建设用地。积极稳妥开展建设用地使用权转让、出租、抵押二级市场试点工作。落实最严格水资源管理制度，加强水资源监控。推进水资源税改革试点，提高地下水特别是水资源短缺和超采地区的地下水水资源税额标准。鼓励通过依法规范设立的水权交易平台开展水权交易，充分发挥市场在水资源配置中的作用。建立符合市场经济要求和矿业规律的矿业权出让制度，取消探矿权价款、采矿权价款，征收矿业权出让收益。建立累进动态调整机制，合理确定探矿权占用费收取标准。开展矿业权出让制度改革试点工作。推进国有林地使用权确权登记工作，切实维护国有林区、国有林场确权登记颁证成果的权威性和合法性。通过租赁、特许经营等方式积极发展森林旅游。本着尊重历史、照顾现实的原则，全面清理规范已经发生的国有森林资源流转行为。

四、实施节能低碳发展制度

开展工业能效提升计划，推动主要高耗能产品单位产品碳排放达到国内或国际先进水平。加快企业碳排放管理体系建设，推动实施低碳产品标准、标识和认证制度，鼓励企业开发生产低碳产品。推动重点行业企业开展碳排放对标活动。提高新建建筑节能标准，实施商业和公共建筑低碳化运营管理，积极开展绿色生态城区和近零能耗建筑试点示范。严格实施乘用车燃料消耗量限值准入制度，加快淘汰老旧高能耗车辆。科学配置社区垃圾收集系统，研究制定垃圾分类制度。推进餐厨垃圾资源化综合利用标准制定工作，实施餐厨垃圾收运体系一体化建设。制定企业碳排放核算报告制度与流程，研究出台第三方核查机构核查规则和工作方案。推进碳交易企业加快完善碳排放数据统计，加强企业碳排放管理体系建设。探索开展碳普惠制、碳积分交易等碳交易机制创新和试点示范。

第五节 深入实施创新驱动发展战略

我国经济发展进入新常态，为了加快破解制约资源型经济转型的深层次体制机制障碍和结构性矛盾，培育转型发展新动力，实现经济转型发展新旧动能转换，关键是深入实施创新驱动发展战略。

一、持续强化企业技术创新主体地位

企业的科技创新能力决定着创新驱动发展战略的成败和得失。要增强企业科技创新的紧迫感、危机感，变“要我创新”为“我要创新”，真正在转型升级上下功夫、争效益。要以企业的科技研发为中心，探索实践企业出题、政府立题、协同解题的“产学研”合作创新机制，为企业的科技创新创造更好的条件，营造更优的氛围。

强化企业技术中心建设，进一步扩大国家级、省级企业技术中心的覆盖面，发挥技术中心在企业创新发展中的引领作用。推动技术创新联盟建设，支持轨道交通产业上下游企业，以及科研院所成立轨道交通产业技术联盟。积极跟踪国内外关键共性技术发展情况，重点推进一批传统产业先进适用技术、新兴产业关键共性技术以及重点领域关键、共性技术研发。推动技术创新重点项目建设，加快新产品、新技术的开发力

度。加速制造业创新中心建设，积极指导省级制造业创新中心升级为国家制造业创新中心。引导企业加大研发投入，探索运用财政补助政策激励引导企业建立研发准备金制度，有计划、持续性地增加研发投入，提高省属重点国有企业研发投入占主营业务收入的比重。对研究与试验发展（R&D）经费投入强度在省级排名前十的企业，根据其研发投入给予一定科研经费奖励。继续推行科技创新券、鼓励开展知识产权质押融资，促进科技和金融结合，发展一批主营业务突出、竞争力强、成长性好、专注于细分市场的专业化“小巨人”企业。培育壮大天使投资、创业投资和私募股权投资，满足不同发展阶段和特点的创新型企业融资需求。

二、健全科技成果转化促进机制

科技成果转化，是为提高生产力水平而对科学研究与技术开发所产生的具有实用价值的科技成果所进行的后续试验、开发、应用、推广直至形成新产品、新工艺、新材料，发展新产业等活动，是促进“科技”与“经济”结合的关键环节。科技成果转移转化水平是一个国家科技实力的重要体现。促进科技成果转移转化，既是实施创新驱动发展战略的重要任务，也是加强科技与经济紧密结合的关键环节，对于推进结构性改革尤其是供给侧结构性改革，打造经济发展新引擎，都具有重要意义。促进科技成果转移转化，必须解放思想，改变观念，突破科技体制机制障碍，完善知识产权财政激励机制把创新的活力激发出来。

下放科技成果使用、处置和收益权，健全技术要素参与分配制度，加大科研人员股权激励力度，提高科研人员成果转化收益比例及科研负责人、骨干技术人员和团队收益的奖励比例。建立健全科技成果“线上线下”登记和转移转化制度，探索创建国家科技成果转移转化示范区。强化知识产权创造、保护和运用，加强对企业和产业技术创新战略联盟的知识产权服务，积极引导、支持联盟企业构建专利池，推动形成标准必要专利。对获授权的发明专利进行授权资助，依据专利质量、产业化发展方向及前景给予一次性补助和奖励。

三、打造“大众创业、万众创新”平台

“双创”升级发展离不开良好创新生态的支撑，其中，完善便捷的创新创业孵化平台和高效顺畅的要素供给机制是关键。大力实施众创空间示范工程建设，对新认定的各级科技企业孵化器、众创空间、星创天地以及通过申领科技创新券的方式对购买创新服务、开展技术合作的科技型中小企业给予不同程度的资助和奖励。支持科技人才团队创新创业。对符合条件的省属高校和省级科研院所组织的、达到融资条件的生产经营经济实体进行科技项目融资贴息试点。支持建设国家双创示范基地。加强省部对接，积极争取国家老工业城市加快创新创业发展政策支持。培育打造创新创业平台，鼓励探索高职院校与企业合作办学，开展现代学徒制试点。支持地方院校开展高水平应用型本科高等学校建设试点。扶持地方科研院所和高校加快发展。加强对县域创新驱动发展的政策和项目支持。开展创新型县（市、区）建设工作，对省级“创新型试点县（市、区）”“创新型试点乡（镇）”进行评价认定，根据评价结果给予一次性奖励。对在全省区域经济转型升级考核评价中 R&D 经费投入强度排名靠前的设区市奖励。

四、完善创新人才集聚发展制度

支持科技型中小企业引进和培养创新创业人才，鼓励在财政补助、落户、社保等方面给予政策扶持。鼓励科技型中小企业与高等学校、职

业院校建立定向、订单式的人才培养机制，统筹推进高技能实用人才、金融人才和其他紧缺人才的培养，支持高校毕业生到科技型中小企业就业。创新人才引进机制，加大高层次人才及团队引进力度，研究建立引进高端人才团队的资金支持方式，创新各类人才专项资金使用方式，围绕产业发展重点领域，采取“产业资本 + 人力资本”的模式，积极引进国内外企业集团和跨国公司，力争引进其核心研发团队或成立分支机构。组建新型产业技术研究机构。创新人才培养模式，统筹推进高技能实用人才、金融人才和其他紧缺人才的培养，注重发挥企业家和技术技能人才队伍创新作用，加大对本土领军人才的优选和培养力度。创新人才双向流动政策，改进科研人员薪酬和岗位管理制度，允许科技创新人才在高校、科研院所与企业间双向兼职。强化人才激励机制，支持相关单位开展以增加知识价值为导向的分配政策试点。深化干部人事制度改革，探索在专业性较强的政府机构和国有企事业单位设置高端特聘岗位，实行聘期管理和协议工资。

第六节　全面保障和改善民生

促进经济高质量发展的措施最终都要落实到提高保障和改善民生水平上，针对人民群众关心的问题精准施策，加大对教育、就业、收入分配、医疗、社会保障等民生领域的改革力度。突出基本民生、重点人群、发展机会均等，创新服务提供方式，提升人民群众的获得感、幸福感。

一、建立基本公共教育发展机制

全面实施学前教育三年行动计划，建立健全幼儿园教师补充机制。鼓励普惠性幼儿园发展，每个乡镇至少办好 1 所公办中心幼儿园，提高幼儿园保育教育质量。推进幼儿园标准化建设和农村幼儿园改造，支持民办幼儿园提供公益普惠的学前教育服务。推进义务教育学校校舍、体育场地、教育技术装备、教学生活设施和教育教学管理标准化建设，全面改善贫困地区义务教育薄弱学校基本办学条件。深入推进教育联盟、集团化办学、委托管理、学区制管理、九年一贯制学校、委托管理等改革，建立完善义务教育质量监测机制。鼓励和支持有条件的县（市、区）开展农村义务教育学生营养改善计划地方试点。推进高中学校体制机制多样化，支持优质普通高中和高水平大学合作，为优秀学生提前引入大学课程。大力发展面向农村的职业教育，加快推进职业院校布局结构调整、产教融合和校企合作。推动高中教育教学改革，逐步推进“选课制”“走班制”，建立学生发展指导制度。建设职业院校骨干专业标准化实训基地。加强“双师双能型”教师队伍建设，实行新进专业教师“先实践、后上岗”制度，畅通企业工程技术人员、高技能人才和社会能工巧匠到校担任专兼职教师的政策渠道。落实乡村教师支持计划，落实集中连片特困地区乡村教师生活补助政策，提高乡村教师待遇，实施好“公费师范生”和“特岗计划”，加大高质量乡村教师培养补充力度，加强乡村学校音体美、外语、信息技术等师资紧缺学科教师培训。

二、健全社会救助和保障体系

建立社会保险业务基础数据库，推进医疗、失业、工伤保险实现省级统筹，建立更加便捷的社会保险转移接续机制，落实职工养老保险制度跨地区转移接续政策，推进异地就医直接结算工作。构建多层次养老保险体系，推进城乡居民基本养老保险制度有序衔接，逐步提高基础养老金标准和替代率水平。进一步完善被征地农民参加基本养老保险政策。建立遗属待遇和病残津贴制度，形成老遗残一体化的保障项目体系。全面推进医保付费总额控制与按人头付费、按病种付费等相结合的复合付费方式。探索建立长期护理保险制度，开展长期护理保险试点。制定生育保险与医疗保险合并实施办法。完善工伤保险行业差别费率和企业浮动费率机制，探索建立适应灵活就业人员参保的职业伤害保障制度。积极推进工伤康复试点，建立社会保险待遇动态调整机制。编制独立完整的社会保险基金预决算，建立社会保险基金征收、管理、支付等重大事项的信息披露制度，建立跨部门、多层次的救助申请对象经济状况核对机制。建立救助对象个人档案及台账，推进社会救助精细管理。健全农村留守儿童关爱保护制度，推进市、县两级儿童福利设施建设。试点建设县级未成年人保护设施。建立针对经济困难高龄、失能老年人的补贴制度，发展社区健康养老服务。建立适合实际的退役士兵自主就业创业政策体系。建成分级管理、反应迅速、布局合理、规模适度、种类齐全、功能完备、保障有力的省、市、县、乡四级救灾物资储备网络。

三、构建公共卫生服务体系

实施国家基本公共卫生服务项目和重大公共卫生服务项目，推进慢性病综合示范区建设，开展重点地方病监测。健全突发公共卫生事件风险评估、信息沟通和问责机制，规范专项应急预案，完善卫生应急专家库。建设省级紧急医学救援基地，以县级为单位开展卫生应急体系规范化建设，重点推动二级以上公立医院卫生应急能力提升。落实公立医院自主权，建立分级诊疗制度，实施社区卫生服务提升工程，构建中医药预防保健、卫生应急和重大疾病防治网络。建立覆盖城乡居民的出生缺陷防治服务制度，重点加强高危孕产妇和新生儿管理救治。推进基层妇幼保健和计划生育技术服务资源优化整合和机构标准化建设，加强基层医疗卫生服务体系建设，逐步增加农村人均基本公共卫生服务经费。通过加强对口支援、实施远程医疗、建立医疗集团等增强基层首诊能力，加强住院医师规范化培训、全科医生转岗培训、农村订单定向医学生免费培养、继续医学教育、医疗卫生机构适宜技术推广培训，提升基层医疗服务水平。推进基层中医馆建设，建立家庭医生“守门人”制度。健全食品安全风险监测体系，开展县级疾控机构食品安全风险监测工作规范化建设。加强省级采购平台标准化建设，推行基本药物中标品种动态递补、价格动态调整、配送企业动态分级管理制度。推行药品经营分类分级管理，开展药品不良反应、特殊药品滥用、医疗器械不良事件监测与评价。

四、落实公共住房保障政策

建立公开规范的住房公积金制度，不断扩大住房公积金制度覆盖范围，放宽公积金的提取条件，实行先提后贷，加大贷款发放力度，提高住房公积金使用率。加大棚改货币化安置力度，全面实施政府购买棚改服务，推广政府与社会资本合作模式，构建多元化棚改实施主体。制定商品住房建设项目配建公共租赁住房标准，通过购买和长期租赁存量商品住房作为公共租赁住房房源。加快公共租赁住房入住分配，健全准入和退出机制，将进城落户农业转移人口全部纳入城镇住房保障体系。

五、推进公共文体服务创新

搭建公益性文化活动平台，制定公共文化服务目录，开展“菜单式”“订单式”服务。健全公益文化单位经常性送文化下基层制度，推动非物质文化遗产和高雅艺术进校园、进社区、进厂矿、进军营。实施文化扶贫项目，鼓励实施文化低保工程。加强文化生态保护区建设，深入挖掘乡村特色文化符号，盘活地方特色文化资源，保护传承各具特色的民居、民宿原生形态，鼓励各地打造民俗、节庆系列品牌活动，使特色化、差异化的优秀乡土文化得到传播、传递、传达和传承。推进公共文化服务机构数字化建设，建设文化云平台。在县级以上城市推行公共文化服务“一卡通”，发挥县级文化馆、图书馆总分馆作用，推进基层公共文化服务体系建设。重点建设一批便民利民的中小型体育场馆、全民健身活动中心、户外多功能球场、足球场、健身步道等场地设施，改善各类公共体育设施的无障碍条件。构建广播影视公共服务体系，扶持欠发达地区县级影院建设。推进建设城市社区 15 分钟健身圈、县城社区 10 分钟健身圈。

第九章

发展重大保障

党的十八大以来，我国经济发展稳中向好，成绩斐然，得益于以习近平同志为核心的党中央坚强领导，得益于全国各族人民以习近平新时代中国特色社会主义思想为指导，砥砺奋进，攻坚克难。但必须看到，国内外形势复杂多变，区域发展竞争日趋激烈，全国上下必须立足长远发展，做好统筹协调，坚持解放和发展生产力，坚持社会主义改革方向，推动经济持续健康发展。

第一节　坚持党对经济的领导

党的十九大报告指出：“坚持党对一切工作的领导。党政军民学，东西南北中，党是领导一切的。”我国共产党是我国革命、建设和改革的坚强领导者，是实现良政善治的关键。在新的时代条件下，对“坚持党对一切工作的领导”的实践路径进行深入思考，具有重要意义。党中央必须对经济工作负总责、实施全面领导。党的领导是我国特色社会主义制度的最大优势，也是新时代实现高质量发展的政治保证。

一、强化组织领导

坚持以习近平新时代中国特色社会主义思想为指导，全面贯彻党的十九大和全会精神，加强党中央集中统一领导，坚持党的基本理论、基本路线、基本方略，统等推进“五位一体”总体布局，协调推进“四个全面”战略布局，坚持以经济建设为中心，不断提高党领导经济工作的科学化水平和专业化能力，进一步推动经济高质量发展。

树牢“四个意识”，坚定“四个自信”，坚决做到“两个维护”。自觉在思想上政治上行动上同以习近平同志为核心的党中央保持高度一致，强化政治责任，保持政治定力。切实增强各级党政领导班子准确分析形势的能力、科学决策的能力、把握大局的能力、驾取复杂局面的能力和社会治理能力，为规划的顺利实施提供组织保障。维护习近平总书记党中央的核心、全党的核心地位，维护党中央权威和集中统一领导，是保证全党团结统一、步调一致，带领全国各族人民决胜全面建成小康社会、奋力夺取新时代中国特色社会主义伟大胜利的根本政治保证。

二、改进工作作风

加强作风建设，坚定不移地贯彻落实中央八项规定，坚守各项纪律规定，严格执行党章、党规、党纪，运用好监督执纪“四种形态”，让守纪律、讲规矩成为党员干部的政治操守和行动自觉，进一步推进作风建设常态化、长效化，营造良好的政治生态氛围。切实提高政治站位，以身作则、以上率下，必须树立起强烈的责任感、紧迫感，敢于担当，勇于作为，真抓实干，严守纪律，积极履行自身的职能职责，进步提高工作能力，真正做到办实事、得实效，确保各项工作任务落到实处。

第二节　完善发展机制

一、科学制定区域发展规划

区域国民经济和社会发展规划，是加强和改善区域经济社会发展调控的重要手段，也是政府履行经济调节、市场监管、社会管理和公共服务职责的重要依据。认真、科学编制并组织实施区域经济和社会发展规划，有利于合理有效地配置公共资源，引导市场发挥资源配置的基础性作用，促进区域经济持续快速协调健康发展和社会全面进步。

加强全国经济和社会发展规划编制的领导与管理，强化规划工作的规范化、制度化，提高规划的科学性、民主性，更好地发挥规划在全省经济发展、政府管理和资源配置中的作用，进一步完善调控机制。在充分发挥市场配置资源基础性作用的同时，进一步提高各级政府的统筹调控能力，加强重点指标和重大任务调度，切实增强经济监测调节的适应性、针对性和灵活性。坚持把各项工作方案和行动计划的实施作为重要抓手，强化政策创新和政策实施的协调配合，注重政策的统筹安排和协调适应，加强土地、资金的统筹使用，集中力量办大事、解难题。

二、强化区域经济发展的监测

在区域经济发展过程中，要加强对体现规模、结构、质量、效益实现情况的各项指标的监测，强化地方各级和有关部门落实规划纲要主要任务的严肃性，不定期对转型发展、生态建设、环境保护、资源节约、城市管理、结构优化和民生改善等目标任务完成情况进行综合评价考核。

要切实改进县域经济评价考核办法，县域作为我国城市和农村的结点，县域经济的发展关系着整个国民经济的发展，要树立科学的政绩观对政府进行科学的绩效评估，可以认识到县域发展现状及存在的问题，指导、监督政府的行为。依据目标并结合分类考核指标，建立一套科学的指标体系、评价方法，来评估县域分类考核效果，将第三方独立评估成果作为部门综合评价和绩效考核体系的重要依据，进一步规范和调整重大战略、任务和工程的推进实施，切实保证规划实施的效果。

三、抓好项目储备实施

坚持以规划确定项目，以项目落实规划，发挥重大项目对经济社会发展的支撑作用。组织实施一批关系全局和长远发展的重大产业项目、重大基础工程、重大民生工程，促进规划落实。加快推进重大工程项目实施，对于贯彻落实新发展理念、推进供给侧结构性改革，稳增长、调结构、补短板、惠民生、增后劲，确保如期实现全面建成小康社会宏伟目标具有重要作用。根据国家和省市投资导向，精心筛选和精准谋划一批符合国家资金投向、符合产业政策、符合发展实际，能够带动产业链上下游互动发展的重大项目。围绕国家科技创新试验区建设和战略新兴产业发展布局，着眼新技术、新产品、新业态、新模式，不断创新思路，挖掘潜力，借助外力，改进投资方式，在延伸产业链条、新能源、新材料、新技术“互联网+”、节能环保等重点领域谋划一批重点项目。

完善重大项目储备和实施机制，深化前期工作，规范手续办理，提高审批效率，加强事中、事后监管。建立健全重大项目责任制，明确要求、强化责任，确保项目实施进度和质量。拓宽重大项目投融资渠道，坚持市场化的融资导向，利用各类融资平台，积极争取金融机构加大信贷投放，创新投融资模式鼓励社会资本、民间资本参与项目投资和建设。

第三节　突出重点领域管理

一、提高财政资金使用效率

加大专项资金投入，对核心领域重大项目给予重点支持，中期财政规划和年度预算要结合，统筹安排重大工程项目所需财政支出。要提高财政资金使用效率，关键在于强化绩效考核，建立结果导向的激励和约束并举机制。在预算编制时应与绩效目标一同编制、一同审核、一同批复，对纳入绩效评价的项目要从经济效益、社会效益、生态环境效益、可持续影响等方面综合评价，并将结果作为后续项目资金和下年度安排预算的重要依据。对资金使用规范、绩效显著的部门和单位，给予优先考虑，对资金使用不规范的、绩效差的实施部门，督促改进，安排预算时从紧。同时，积极实施“以奖代补”等举措，通过设立资金拨付前置条件对有关单位和部门的花钱行为实行硬约束。充分发挥政府投资的引导带动作用。积极搭建政银企对接平台，引导金融机构优先支持重大工程项目建设。积极发挥各类专项建设基金作用。最大限度地放宽市场准入，健全政府和社会资本合作（PPP）机制，通过特许经营等方式，积极引导社会资本参与重大工程项目建设和运营。

二、切实保障改善民生

坚定践行以人民为中心的发展思想，继续加大民生投入力度，全面保障教育、就业社保、医疗卫生等基本民生和重大政策支出，坚决托住基本民生需求的底。制定出台乡村振兴若干财政政策措施，大力度实施乡村振兴战略。严格执行现行扶贫标准，强化扶贫资金整合，进一步提高整合深度和质量。实施扶贫资金绩效管理，研究建立扶贫资金总台账并实施动态监控。加快推进“两线合一”，巩固多重保障防线。发展壮大村级集体经济，吸引鼓励本土人才回乡干事创业。

三、切实防范经济风险

密切关注国际、国内经济环境的变化，加强形势分析和研判，高度重视和防范各种风险，及时制定应对方案，增强工作预见性、针对性和实效性。建立规范的政府举债融资体制和财政风险预警监控系统，妥善处理地方债务，防止风险过度集中，推进风险防控工作科学化、精细化。实现金融风险监管全覆盖，防止发生系统性金融风险。完善重大工程项目社会稳定风险评估机制，做好决策前风险评估、实施中风险管控、实施后效果评价。有利于获得群众对实施重大项目的理解与支持，有利于从源头上预防和减少社会矛盾，推动科学发展与构建和谐社会。运用大数据技术，加强经济运行监测分析研判，提高宏观调控科学性和有效性。

第四节　提升政府行政能力

一、深化行政体制改革

切实转变政府职能，努力建设责任政府、法治政府、服务型和廉洁型政府。按照精简统一效能的原则和决策权、执行权、监督权既相互制约又相互协调的要求，深化大部门体制改革，优化政府组织体系，降低行政成本，提高政府效率。

深化行政审批制度改革，减少政府对微观经济活动的干预，强化政府经济调节和市场监管职能，更加突出履行社会管理和公共服务职能。明确界定政府投资范围，加强和规范政府融资平台管理，合理控制政府负债。

调整各级政府管理权限，增强区县统筹管理能力，促进乡镇转变职能和服务方式。积极稳妥推进事业单位改革。改革行政绩效考核机制，建立实施与主体功能区相适应的分类考核体系。

健全政府科学决策、民主决策、依法决策机制，推进政务公开，加强行政问责制，强化行政权力运行监督，改进行政复议和行政诉讼，完善政府绩效评估制度，提高政府公信力和执行力。坚持标本兼治、综合治理、惩防并举、注重预防，加快推进惩治和预防腐败体系建设。

强化目标责任制，制定年度目标任务分解落实方案，将任务目标逐项分解至各相关部门，各部门紧盯各项指标进度，抓好落实。加强督察督办，排查工作中的问题，通过考核确保工作到位。

二、坚持依法行政

树牢法治思维，解决好“奉法”的问题。各级领导干部要做到“三个改变”，即改变把法律当作管理群众手段的落后观念、改变“法律是摆设”的错误观念、改变“只要结果不问过程”的认识偏差，着力做到“四个带头”，即带头学法、带头懂法、带头用法、带头守法。

提高立法水平，解决好“有法”的问题。依法行政首先要有法可依。立法机关要把准立法选项，坚持“开门立法”，做好立法项目的立、改、废；要提升立法质量，充分体察民情、集中民智、回应民意、保护民利；要突出约束权力，注重对行政权力的行使加以规范、约束和监督。

规范决策行为，解决好“守法”的问题。守法从依法决策开始。要完善行政决策程序、落实法律顾问制度、健全决策问责机制，坚决杜绝“拍脑袋决策、拍胸脯保证、拍屁股走人”等不科学不合法的决策行为。

创新执法模式，解决好“执法”的问题。在执法实践中抓好“一刚一柔”，将落实行政执法责任制作为“刚性抓手”，将推进服务型行政执法作为“柔性抓手”，刚柔并济，实现法治政府和服务型政府建设有机统一、协同推进。

强化执法监督，解决好“服法”的问题。要加强对关键部门和岗位的监督制约，完善政府内部层级监督和专门监督，推进行政复议规范化建设，同时全面推进政务公开，通过进一步扎紧制度“笼子”，真正发挥法治作用、彰显法治力量。

三、持续优化营商环境

进一步完善各级政务服务大厅便民服务功能，实现“一口受理、一窗办结、进度可查询”全覆盖。推进相对集中行政许可权改革试点，全面推行企业投资项目承诺制改革。进一步加强社会信用体系建设，下大力气破除民间资本进入重点领域的隐性障碍，取消、减少各类阻碍民间投资的不合理附加条件，简化审批程序，加强事中、事后监管，认真落实“双随机、一公开”工作机制，按照“一单两库一细则”实施监督管理。构建“大数据+政府监管”平台，完善守信联合激励和失信联合惩戒机制。推进入驻大厅的审批事项“全程网办”。建立涉审中介机构“红黑名单”制度。鼓励地方通过建立民营企业货款风险补偿机制、开展“银税互动”等多种方式，加大对民营企业融资支持力度，为民间投资营造良好氛围。

参考文献

[1]唐啸,胡鞍钢. 绿色发展与“十三五”规划[J]. 学习与探索,2016(11):55-61.

[2]王鹏辉. 关于山西“十三五”规划编制重点的思考[J]. 现代工业经济和信息化,2015(15):18-21.

[3]李娜.“十三五”规划下我国经济发展理论探索[J]. 西部皮革,2017(18):29-32.

[4]江鹏伟.“十三五”规划助力对外开放新成就[J]. 财经界(学术版),2016(5):99-99.

[5]张兴凯,任智刚,曾明荣,何奕. 我国国民经济和社会发展第十三个五年规划纲要对安全生产战略影响量化分析[J]. 我国安全生产科学技术,2016(7):78-82.

[6]田宪臣. 用“五大发展理念”引领我国经济社会发展[J]. 黄河科技大学学报,2016(3).

[7]程宝辉. 五大发展理念:“十三五”规划的灵魂[J]. 改革与开放,2016(10):54-59.

[8]李含琳."数"说我国"十三五"时期的若干奋斗目标[J]. 社科纵横,2016(02):88-92.

[9]徐杰芳, 田淑英, 占沁嫣. 我国煤炭资源型城市生态效率评价[J]. 城市问题, 2016(12):85-93.

[10]王春杨, 李青淼. 资源型城市经济转型路径研究——以山东省枣庄市为例[J]. 城市发展研究, 2012, 19(2):36-41.

[11]Schrader M. Ruhrgebiet In Emarklke Hrsg W inschafsgeographie [M]. Klett Perhos S 435-460 1998

[12]陈涛. 德国鲁尔工业区衰退与转型研究[D]. 长春:吉林大学, 2009.

[13]马威. 德国鲁尔区煤炭工业重组研究(1958-1975)[D]. 西安:陕西师范大学, 2012.

[14]曹瑄玮, 李瑞丽. 德国钢铁产业发展中的路径依赖与突破:鲁尔区的启示[J]. 我国科技论坛, 2007(10):95-99.

[15]王青云. 德国鲁尔区是怎样推进经济转型的[J]. 我国城市经济, 2007(6):42-46.

[16]陈涛. 德国鲁尔工业区衰退与转型研究[D]. 长春:吉林大学, 2009.

[17]朱佳佳. 从德国鲁尔区的复苏看我国东北老工业基地的振兴[J]. 产经评论, 2003(11):20-21.

[18]姜四清, 张庆杰, 赵文广. 德国鲁尔老工业区转型发展的经验与借鉴[J]. 我国经贸导刊, 2015(10):41-44

[19]郭军. 充矿集团与德国鲁尔集团的比较分析 [J]. 管理世界,2001(6) : 175-180.

[20]Uotz Schrcibcr. Ucrman coal policy, 1958-1975 [M] Baltimore; The Johns Hopkins University, 1980.

[21]任保平. 衰退工业区的产业重建与政策选择[M]. 北京:我国经济

出版社,2007.

[22]张玥，乔琦．德国鲁尔工业区转型发展经验及对我国老工业区借鉴[C]// 2016 我国环境科学学会学术年会．2016.

[21]Nef J U. The rise of the British coal industry[M]. G. Routledge, 1932. J. Ellis, 'The "Black Indies": the economic development of Newcastle, c. 1700 – 1840', in R. Colls and W. Lancaster (eds.), Newcastle upon Tyne: A Modern History (Chichester, 2001), 15.

[22]Barke M, Taylor P J. Newcastle'S long nineteenth century: A world – historical interpretation of making a multi – nodal city region[J]. Urban History, 2015, 42(1):43 – 69.

[23]Daysh G H J. A Distressed Industrial Region – Tyneside[J]. Economic Geography, 1935, 11(2):159 – 166.

[24] Rennison R W. The Improvement of the River Tyne, 1815—1914 [J]. Transactions of the Newcomen Society, 2014, 62(1):113 – 142.

[25] Barke M. The Middle – Class Journey to Work in Newcastle upon Tyne, 1850 – 1913[J]. Journal of Transport History, 1991, 12(2):107 – 134

[26]Jones H, Zener C. The history and description of fossil fuel, the collieries, and coal trade of Great Britain[M]. Whittaker ;, 1968.

[27]胡鞍钢,鄢一龙,周绍杰．我国"十三五"大战略．[M]. 浙江:浙江人民出版社,2017.

[28]王战．开放改革引领创新转型:上海"十三五"发展规划思路研究[M]. 上海:上海社会科学院出版社,2015.

[29]山西"十二五"规划实施情况与成就．

[30]张昌彩,"十二五"时期我国发展取得重大成就[M]. 上海:中国言实出版社,2016.